自治体〈危機〉叢書

「2000年分権改革」と自治体危機

法政大学名誉教授
松下　圭一

公人の友社

目次　「2000年分権改革」と自治体危機

まえがき

二〇〇九年、「政治主導」をかかげた民主党政権の成立によって、戦後半世紀にわたる、しかも明治国家系譜にある戦前型官治・集権の、自民党〈官僚内閣制〉長期政権が終りとなり、〈国会内閣制〉への転型の始まりへの期待となる、戦後、実質最初の「政権交代」をみた。だが、二〇一二年、民主党政権における政治実務における未熟の露呈にともなう、自民党の「政権復帰」によって、〈官僚内閣制〉への逆行・回帰をみることになった。

この逆行・回帰をめぐる《自治体改革》の新しい危機状況をめぐって、本書は、今日の日本における《自治体改革》の基本軸である、〈二〇〇〇年分権改革〉の意義と課題、さらに自治体改革の今日的すすめ方について、あらためてその再確認をめざしている。

東日本大震災についてはその復興のオクレが問題となっているが、基本は歴史にかってない、戦後もはじめての大津波、くわえて3・11フクシマをともなう、巨大・広域・複合震災であるため、国からの大規模支援も「広域分散の法則」がはたらいて個別被災地域ではパラパラとなるとともに、大量の復興需要からくるのだが、必要な、人材・資源の逼迫ないし価格高騰もすすむ。従来の震災とは規模と構造が決定的に異なるのである。

今回の復興は、まず市民の居住地域選択、ついで団体・企業の立地選択からの出発となるため、市民、団体・企業もふくめた、参加・合意を起点とする、基礎自治体・市町村主導の自治・分権方式でなければ不可能である。本書にみるように、今日もつづく国の官僚たちの明治国家型縦割の官治・集権方式では、地域の復興・再生はできない。そのうえ、この縦割省庁では復興予算の流用すらおこっている。

また、震災後、私がのべつづけてきたのだが、津波被害地区における旧・新居住地域の土地整理についての緊急法制、あるいは全国の市町村レベルでの退職行政職員の復興参画法制の策定も不可欠であった。

本書でくりかえしのべているが、基本としては、戦後も明治国家型官僚内閣制が自民党長期政権とむすびついて持続してきたため、《自治体独自》での政策・制度づくり、とくに市町村・県の職員における《自治型発想》の訓練・習熟の蓄積ができず、しかも「二〇〇〇年分権改革」以後でも、国家観念・官僚統治への崇拝がいまだにつづくところに、今日の日本の《自治体危機》の深奥がある。明治国家以降、日本近・現代史をつらぬいている、市民における《自治能力の喪失》という問題状況こそが、日本の悲劇といってよいほどの危機そのものであると、ここできびしく強調しておきたい（拙著『成熟と洗練・日本再構築ノート』〔9・25・31・64・77〕二〇一二年、公人の友社参照）。

それゆえ、「都市型社会」の成立からくるのだが、(1)市民活動、(2)自治体改革、(3)国会内閣制それぞれの新展開という、多元・重層構造をもつ《市民政治》をつくりだす、日本の政治・行政、経済・文化の、後・中進国型「官治・集権」から先進国型「自治・分権」への〈転型〉の提起とその設計が、本書の基本課題となっている。

本書の原型は、《二〇〇〇年分権改革》をめぐって、二〇〇〇年五月、北海道大学での、誰もが参加できる北海道町村会主催の「地方自治土曜講座」における講演である。この講演内容は拙著『自治体再構築』(二〇〇五年、公人の友社)の第5章「転型期自治体の発想と手法」にまとめたが、「二〇〇〇年分権改革」以降に必至となる新課題について、従来想定もされていなかった日本の自治体における今日性をもつ《構造危機》、くわえて、この危機をめぐる新課題の《法務・財務》を提起しているため、公人の友社からの刊行申し出をおうけするかたちで、新しい書名とともに、文章もあらためて整理しなおし、同社の「自治体〈危機〉叢書」の一冊として、今回再刊することになった。ご了承をお願いしたい。

なお、「二〇〇〇年分権改革」の課題についてくわしくは、私の『日本の自治・分権』(岩波新書、一九九五年)、『自治体は変わるか』(岩波新書、一九九九年)、この分権改革の具体過程については、西尾勝さんの『未完の分権改革』(岩波書店、一九九九年)を、それぞれ御検討ください。分権改革全体としての理論論点では、松下圭一、西尾勝、新藤宗幸編『岩波講座・自治体の構想』全五巻、二〇〇二年があります。

今回、本書の刊行にあたって、二〇〇〇年の講演・執筆時以降の新論点については、［補記］として、二〇〇九年、二〇一二年の「政権交代」などについていくつか、短い加筆をおこなった。だが、内容にわたる変更は、復活自民党内閣が、(1)官治・集権型政治・行政への逆行、(2)公共事業回帰による政府借金の拡大、また(3)独善の憲法改正原理主義である〈オールド・ライト〉発想への退行にみられるように、旧稿の執筆当時と問題が変わっていないため、おこなっていない。

今日における［1］安倍復活自民党内閣での政府の国債増発、日銀の円バラマキをふくめ、かねてから自民党長期官僚内閣制政権が拡大したのだが、国、自治体の増税でもかえせない、しかも人口の高齢化・急減のなかでの、国際的に超絶した巨大政府借金、また［2］自民党長期官僚内閣制政権がかたちづくってきた「安全神話」をうちこわし、今後も想像をこえる長期・巨額のかかる福島原発内外での原発対処、さらに［3］明治国家以来の官治・集権型官僚内閣制の持続・劣化、のみならず企業幹部の官僚化をふくめ、この三大背景をめぐって、《日本沈没》という危機状況に、たしかに日本はたつ。

この危機論点については、二〇一二年、同じく公人の友社による拙著『成熟と洗練＊日本再構築ノート』を、御参照ください。この本では、日本の政治家・官僚、また学者・理論家、ジャーナリストなどに、戦後半世紀の長期にわたってうめこまれてきた〈自民党史観〉ないし〈自民党ボケ〉について、きびしく批判している。

日本は、二〇〇〇年代では都市型社会にはいって、前述の『成熟と洗練＊日本再構築ノート』

にのべたように、日本なりに「成熟・洗練」という《市民文化》の成立条件をかたちづくりつつある。この市民文化は世界各国それぞれ、時間のズレ、くわえて歴史特性をもって、「成熟・洗練」していくといってよい。この市民文化の基軸は、《市民自治》を起点とした〈自治・分権〉という、世界共通文化としての普遍市民政治原理（**図7**・本書95頁）の熟成にある。

古来の「東洋専制」、明治以来の「国家統治」の歴史伝統のなかで、私たちは日本においても市民自治・市民文化の原型をかたちづくる〈自治体改革〉を、今日の転型期日本における構造的な《自治体危機》のなかから、おしすすめたい。

松下　圭一

二〇一三年五月

〔1〕新『地方自治法』で変わるか

1　《二〇〇〇年分権改革》のシクミ

新地方自治法ともいうべき『地方自治法』大改正の施行日である二〇〇〇年四月一日は、日本の自治体をめぐって、明治憲法制定期、また敗戦による『日本国憲法』制定からはじまる戦後改革につぐ、第三改革の日とみなすことができます。第二改革の『日本国憲法』の制定期に旧内務官僚が戦後の『地方自治法』でものこした、明治以来の〈官治・集権〉を制度化する「機関委任事務」方式を抜本廃止する、この二〇〇〇年の第三改革がはじめて、日本における〈自治・分権〉の本格の出発となります。

この『地方自治法』大改正による《二〇〇〇年分権改革》は、私をふくめ日本の市民活動が一九六〇年代以来つみあげてきた、『日本国憲法』の「運用整憲」（後述）というかたちでの、実質は「憲法運用改正」を意味します。

しかし、この四月一日は、「機関委任事務」方式の廃止からくる旧来の通達の失効について、内閣からの新たな特別の宣言もなく、旧通達はいわば旧来どおりであるかのように、自治体の各職場には何の変化もおきなかったのです。また、日本の地方自治史における第三改革という位置をもつにもかかわらず、県（都道府県を含む。以下同じ）、市、町村の首長また議長の各公式全国連合である「地方六団体」などによる祝典もひらかれていません。各自治体でも、今回の大改正について、事前の職員むけ研修、あるいは長・議員むけ研究集会すらも、あまりおこなわれておりません。おおくの自治体関係者は、一般の市民と同じく、新聞やテレビでのニュースや解説というレベルでの情報のみで、この四月一日をむかえたのでした。

歓迎されざる《改革》だったからでしょうか。たしかに、《二〇〇〇年分権改革》は省庁官僚だけでなく、これに寄生する族議員・地元議員をふくめた、国レベルの政官業複合の既得権喪失、また官僚法学はもちろん、憲法学者や行政法学者の講壇法学の理論崩壊となるはずですが、ほとんど関心をもたれておりません。そこには、《自治》にたいするオソレが、明治以来、国の政治家・省庁官僚、また彼らへの依存になれきった各自治体にあったからでしょうか。

今後、各自治体では、それぞれの自治体政府としての「自己」責任が、主権者たる市民、ついで長・議会、職員をふくめて、きびしく問われるはずです。この改正新地方自治法は、不充分という批判があるにせよ、またとくに財源の分権化がまだできていないにせよ、日本の自治体を順次変えていきます。省庁官僚の抵抗をおさえて、この大改正をおしすすめた、座長の西尾勝さんら「地方分権推進委員会」に敬意を表したいと思います。

明治以来、官治・集権のトリックである「機関委任事務」方式の廃止を中核とした、今回の分権改革の定着には、世代交代ほどの時間が今後も必要ですが、日本の自治体さらに日本の政治・行政を今後おおきく変えていくという画期性をもちます。いわば、明治以来の官治・集権型政治・行政の解体のはじまりだからです。

明治以来、否、古代以来の東洋専制ないしオカミ崇拝の政治文化を継承した明治国家による官治・集権型政治・行政は、戦後、『日本国憲法』第八章地方自治の設定にもかかわらず、今回の分権改革まで、実質、変わらなかったのです。この意味では、私が「半分の民主政治」と名づけてきた戦後日本の官治・集権型政治・行政構造をみぬけなかった、戦後の理論ないしマスコミは、現実バナレしていて、それこそ〈民主主義〉の「虚妄」をつくりあげていたといえます。

今回の地方自治法、つまり〈憲法関連法〉の大改正によって、日本における《都市型社会》の成熟もあり、ようやく、明治憲法の系譜で戦後も五〇年余もつづく、自民党官僚内閣制長期政権による官治・集権型から、新しく自治・分権型に、漸次、時間がかかろうとも、日本の政治・行政は転型していきます。この転型は、官治・集権型から自治・分権型へという、『日本国憲法』の《運用整憲》を意味します。

［補記　「憲法関連法」の改正・整備による〈整憲〉という考え方については、拙著『成熟と洗練＊日本再構築ノート』〔76〕、二〇一二年、公人の友社参照。なお、一九六〇年に〈自治体改革〉を私は提起し、それ以来、〈市民自治対国家統治〉〈自治・分権対官治・集権〉の理論定式を構築して、今日での理論基

調をかたちづくります。私の回顧録『現代政治＊発想と回想』二〇〇六年、また『自治体改革＊歴史と対話』二〇一〇年、いずれも法政大学出版局参照。］

旧自治省・新総務省官僚［補記　二〇〇一年に省庁再編］は、一九九九年の新地方自治法解説マニュアルに、次のようにのべています。

「地方分権の推進＝行政の基本システムの転換〈構造改革〉

□どう転換するのか…中央集権型から地方分権型へ

□国と地方、都道府県と市町村の関係は…上下・主従のタテの関係から対等・協力のヨコの関係へ

□地方公共団体のあり方は…自主性・自立性の拡大、自己決定・自己責任の徹底」

市民用語の「自治体」ではなく、まだ官僚用語の「地方公共団体」をつかっていますが、この論点整理は大変よくできています。日本の官僚組織の中枢にある旧自治省官僚自体がみずから、珍しくホンネで、戦後も日本の政治・行政は「中央集権型」で、国、県、市町村の関係は「上下・主従」だったことを、明々白々に認めているではありませんか。いわば、自治省とは「官治省」だったのです。私が一九六〇年代以降に理論提起した「官治・集権」から「自治・分権」への日本の転換を、三〇年オクレで追認しているといってよいでしょう。

戦後も、戦前の明治憲法型〈国家〉観念をひきついで、官治・集権型にできあがっていた国↓県↓市町村という「制度関係」は「身分関係」でもあったため、これまで、市町村職員は県、国の職員、官僚にあうとき、また市町村、県の議員は国会議員にたいして、「いつもお世話になります」

というムダな挨拶を、まずしてきました。これからは、市町村、県、国は、それぞれ政府課題は異っても、政府としては相互に対等ですから、もうその必要はありません。「やあ今日は」という、相互に市民型の挨拶でよいではありませんか。さらに、国や県などの官僚、職員が電話一本で県や市町村の職員を「呼びつける」という悪習もやめ、ここにも「政府間手続」を確立すべきです。そのうえ、法制改革はひろく、起案者のいわゆる「立法者意思」と関係なく、現実の波及効果は具体文脈をめぐって拡大あるいは縮小します。

この二〇〇〇年という画期の年に、北海道における《自治》のパイオニアになっている『地方自治土曜講座』にお招きいただき、感謝いたしております。北海道町村会が北海道大学と共催するこの土曜講座はすでに六年つづき、自治体職員の水準を変えることによって、北海道での自治体の明日を約束しています。北海道町村会はまた、新鮮な編集でつくられる政策情報誌『フロンティア一八〇』も、季刊で刊行しています。旧自治省・新総務省、ついで県もこれまで、町村会がこのような活動スタイルをつくるとは、誰も想像もしておりません。

各自治体の政治水準は市民、長・議会の水準を反映いたします。また、その行政水準は職員水準です。これまで、県あるいは市と異なって、個別の自治体単位では独自にとりくみにくかった町村レベルの講座型研修の問題を、職員個人の自発参加というかたちで具体的に解決し、明日の自治体をになう職員が輩出していく、この土曜講座の画期性を強調したいと思います。市民の文化水準にくらべて、国の官僚や自治体職員の行政水準の「劣化」が目立ってきた今日、この講座のような、機会と成果を蓄積していくならば、やがて北海道庁や国の省庁も変わらざるをえなくなります。

2　先駆自治体と居眠り自治体

今回の『地方自治法』大改正にもどりますが、前述のように、残念ながら、この二〇〇〇年四月一日は、実質、「地方自治法は変われど自治体行政は変わらず」というかたちとなりました。今日も、「憲法は変われど憲法学・行政法学は変わらず」と、私は戦後日本の官治・集権型〈国家統治〉をかかげる官僚法学、講壇法学にたいして、のべています。今回の地方自治法大改正をめぐっても、法学者はもちろん、自治体の長・議員はじめ、行政職員、さらにひろく私たち市民をふくめて、直ちには変わりません。既成制度、これにともなう「慣習」、つまりナレないし惰性によって、いかに、私たちの日常思考が拘束されているかをしめしています。ローマは一日にしてならずではありませんが、改革は一日にしてならずです。

一九四六年、『日本国憲法』が制定されても、この憲法の定着には、占領後のオールド・ライト、鳩山内閣、岸内閣などの戦後反動をおさえこむという、日本の市民たちによる当時の「護憲運動」のたかまりが基本となります。さらに一九六〇年代、池田内閣以降、自民党・官僚組織内部に少数だが、〈ニュー・ライト〉という、経済高度成長をおしすすめる護憲派の成立をみます。当時の左派のあいだでも、社会党・共産党のオールド・レフトと、「構造改革派」という護憲派〈ニュー・レフト〉に当時分解していきました（拙著『政治・行政の考え方』第1章日本国憲法の五〇年・

一九九八年、岩波新書、同『戦後政党の発想と文脈』二〇〇四年、東大出版会参照)。

だが、ひろく、この市民レベルにおける日本国憲法の「定着」にもかかわらず、日本国憲法の政治・行政運用の現実、つまり戦後日本の政治・行政の「実態」は、戦前型の官僚法学・講壇法学がおしすすめる、官治・集権型の明治国家を思考原型としていることを、あらためて想起したいと思います。

今回、地方自治法の法文は自治・分権型に大改正となりましたが、明治以来の官治・集権型での法の制定・運用が、国から県、市町村までの政治家の考え方、また日々の行政慣行をふくめ官僚・自治体職員の思考体質となっているため、当然、国、自治体ともになかなか変わりません。くわえて、前述の明治憲法型、つまり旧帝国大学系などの法学部を中核とした、ひろく官治・集権型の官僚法学、講壇法学は、今回の「二〇〇〇年分権改革」の意義すら理解できていません(拙著『国会内閣制の基礎理論＊松下圭一法学論集』二〇〇九年、岩波書店参照)。

それでも、二〇〇〇年四月一日以降、省庁によって対応にちがいがあるとはいえ、通達にかわる「通知」つまり新地方自治法でいう「助言」の送付文章が、「されたい」という命令調から「承知願います」という対等型に変わりはじめています。だが、今回の分権改革について、国の省庁官僚のなかには「無視派」、またその位置づけについては学者・理論家のなかにもおおくの「消極派」が厳存しますが、これらの省庁官僚や学者・理論家たちが変わるには、なお世代交代という数十年単位の時間が必要でしょう。

たしかに、自治体行政の中枢が国の〈事務〉であるというトリックをかたちづくっていた明治以来の「機関委任事務」方式は廃止され、今回、これにかわる「法定受託事務」は、かねてから私が設定していた《国基準のある自治体事務（課題）》に整理しなおすという、旧地方自治法の中枢の大改正となりました。けれども、自治体自体、つまり長・議員また職員が明治以来の国家観念崇拝ないし官僚統治依存を脱却しないかぎり、地方自治法またその関連各個別法が変っても、自治体の行政現実は旧地方自治法時代のままつづき、変わらないわけです。

自治体みずからが、国の下請機構の「地方公共団体」から、市民の「自治体政府」への転生をめざし、これまでの政治・行政発想、政治・行政慣行を変えていくとき、はじめて、時間はかかりますが、自治体と省庁・国の関係はおおきく、対等の〈政府間関係〉に変わるはずです。すでに、日本では、《都市型社会》への移行をみて、（1）市民活動の群生、（2）自治体職員の水準上昇、（3）先駆自治体による政策・制度開発という条件が、一九六〇年代からほぼ三〇年以上蓄積されているのですから、今回の分権改革自体は、「理論」レベルのみでみるときには、構造必然性をもつ、私のいう「成熟革命」だったともいえるでしょう。

今後、《自治体改革》を内発的におしすすめる「先駆自治体」と、従来の国依存にとどまる「居眠り自治体」との自治体間格差は、さらにひろがります。だが、自治体間におけるこの自治体改革の〈不均等展開〉こそが、旧来の国ないし省庁、とくに旧自治省・新総務省による護送船団方式という官治・集権のシクミを打破しながら、自治・分権の知恵をうみだします。自治体相互の情報ないし政策・制度づくりの交流がはじめて、地域個性をもつ各自治体の力量をたかめながら、分権改革の成熟をうながします。

3　機関委任事務・通達の廃止

今回の分権改革の基本軸は、「機関委任事務」方式の廃止と、これにともなう「通達」の失効です。日本の国、自治体をとおして、《二〇〇〇年分権改革》までの従来の行政現実は、国会がみずから立案・立法、つまり《国会立法》による「法の支配」ではなく、〈省庁〉が立案する「閣法」、ついで〈省庁〉が恣意に乱発する「通達」による〈行政の支配〉でした。「法の支配」ではなく、法形式をとった「官僚の支配」だったのです。

そのうえ、ナマケモノの省庁官僚たちは、時代の変化がはげしくなったため、たえず時代錯誤となる国法を変えるという立法改革を先オクリして、「法効力」をもつとみなされていたにすぎない通達を安易に乱発し、この《二〇〇〇年分権改革》までほぼツジツマアワセをしてきました。国会も、戦前以来の官僚法学、講壇法学の圧倒的影響のもとで、国権の「最高機関」（憲法四一条）というみずからの課題すら自覚せず、さらには立法立案を官僚にまかせて、その「立法府」という課題すらも、今日いまだに実質放棄しています（前掲『成熟と洗練』〔23・73〕）。

自治体職員も専らこの省庁通達を日々の行政における実務マニュアルとして尊重してきました。〈通達〉は日々の行政のアンチョコないし虎の巻でした。この日本の行政体質をかたちづくってきた通達の法「的」効力が、この二〇〇〇年四月一日で全面失効したのです。この日以降、これまでの膨大な通達は既成法についての「過去」の解釈慣行にすぎなくなりました。昔話ではありませんが、「小判」が「枯葉」になってしまったのです。これは決定的変化となるはずです。

もちろん、通達にかわって「助言」（新地自法二四五の四）にあたる「通知」などが新しくでます。しかし、この『通知』などは、〈国〉の機関委任事務にもとづく法「的」効力をもつと考えられてきた『通達』と異なり、今後は〈自治体事務（課題）〉についての助言としてだされるにすぎないのですから、自治体にとってはいわば参考にとどまり、「無視」してよいわけです。もし、その「法効力」が必要であれば、省庁は国法、すくなくとも政令にすべきでしょう。

だが逆に、今後、自治体職員は国したがって各省庁官僚の通達によって守られなくなります。第一に、「通知」などは、これまでの「通達」と異なって、法「的」効力をもたない省庁の参考意見にとどまるため、市民が窓口で「わが自治体独自の責任ある考え方ないし政策はどうか」と問いかけるとき、庁内で議論をつみあげていないかぎり、職員は市民に応答できません。第二に、自治体議会では、これまで通達をもちだせば議員からの批判をダマラセましたが、今後は、自治事務、法定受託事務をとわず〈自治体事務（課題）〉となるため、自治体行政全域にわたって、議員は議会で発言・提言でき、長や幹部も議員との討議が必要となります。

しかも、機関委任事務方式はなくなったのですから、国法によるいくつかの国の関与類型は残るものの、自治体の国法運用は、市町村、県の自治解釈による「自治運用」を基本とするため、国は県、市町村、県は市町村に、国法解釈の問合せをめぐって、これまで「行政実例」で省庁が示してきたような応答する「義務」もなくなります。とすれば、市町村は県、国から、県は国から、自由になるとともに、オシエテモラエナイことになります。ここが、自治体の「自治責任」となるのです。

すなわち、自治体職員は、これまで、機関委任事務方式ないし通達によって、国つまり省庁から保護され、市民、議会にたいし、いわば「過保護」ともいうべきかたちで守られていたのでした。そのとき、職員は国の法令、通達をソノママ執行する義務をもっていたため、幸か不幸か「考えない」ロボット職員となることを、強制されていたといってよいでしょう。

今後は、自治体政治・行政の全域にわたって、長・議員とともに職員も、各自治体機構における政策・制度の「独自決定」の責任を市民から問われることになり、あえて断言しますと、ようやく明治以降はじめて、「考える」長・議員、また職員となることになります（新『地方自治法』一条の2①②、二条⑪⑫⑬参照）。明治以来の日本の政治・行政における官治・集権からくる、今日もつづく基本の市民ついで自治体における《自治・分権》発想の未熟という大失敗が、ここにあります。

膨大な旧通達は、問題の複雑な税務通達などをふくめて、今後、法律、政令、省令あるいは通知などに分解・整理され、のこるムダな旧通達は廃止となります。だが、この区分けの作業が省庁でオクレテイル、というよりもこれまで各省庁が通達を無責任に乱発してきたため、とくに歴史の古い省庁ではその全容もつかめないことから「整理」もできず、とまどっているようです。そのうえ、官治・集権型の旧型国法の改正すら、二〇〇〇年四月一日でも終わっていません。

今後、新地方自治法による「助言」つまり参考にすぎない〈通知〉などについても、省庁は極少化ついで単純化すべきです。くわえて、省庁によるこれらの助言ないし通知は、省庁官僚による国法の運用手法でもあるため、その公開手続として、国会への「事後」登録とすべきです。でなければ各省庁は、この通知などを勝手に乱発し、従来型「通達行政」に逆流します。

他方、この四月一日から「自治事務」はもちろん「法定受託事務」も《自治体事務》、つまり〈自治体課題〉であるため、各自治体はいずれについてもその独自の政策・制度開発では、自治解釈をふくむ国法の〈自治運用〉、とくに条例制定という〈自治立法〉によって、法治責任をもつことになります。さらに、条例は、国の法律、国際機構の普遍条約と同じく、自治体にたいしてその政府としての「権限・財源」を、市民が付与・剥奪する《法》だということに、刮目すべきです（**図2**・本書32頁参照）。

市民運動の出発を背景に、《国》の「地方公共団体」から、《市民》の「自治体」に移行しはじめた一九六〇年代以来、先駆自治体は独自の政策・制度開発をおしすすめ、機関委任事務にたいしても、当時「権限なき行政」として、国法の自治運用さらに自治立法につとめてきました。この成果のうえにたって、新地方自治法のもとでは、それぞれの地域個性に対応する独自の政策・制度の開発ないし条例立法は、各自治体の国にたいする自治体政府としての権利となり、市民にたいする自治体政府としての責任となったわけです。つまり、自治体は、政府としてみずから〈立法〉の「権限」をもったのです。ここから、自治体の政府憲法としての、私の造語による《自治体基本条例》（後述）、の制定も不可欠となります（『成熟と洗練』〔52〕）。

自治体議会でもこれまで、旧地方自治法の戦後半世紀、自治体の行政中枢だった機関委任事務については、省庁の「通達」が国法の解釈を独占しているからという理由で、「審議禁止」でした。

そのうえ、機関委任事務にたいしては、また「条例禁止」でもあったのです。市町村、県を問わず、自治体の行政中枢をなす機関委任事務についていては、このように審議さらに立法ができないため、自治体議会は長・行政機構からノケモノにされて、空洞化していました。つまり、自治体議会はヒマだったのです。そのとき、長も市民の〈代表〉ではなく、国の〈機関〉にすぎなかったのでした。文字通り「機関」委任事務たるユエンです。自治体の《自治》自体が、実質、今回の大改正までなかったといってよいでしょう。

だが、自治体議会は、今後は、自治事務には当然、また法定受託事務をふくめて、自治体の全課題領域で、国法としての「法律」がすでにあるときも条例はこの国法への〈上乗せ、横出し〉というかたちで、自治体議会が「審議」し、ついで「立法」としての〈条例〉をつくれます。さらに、長・行政機構が自治体議会を〈排除〉するためにつくってきた「規則」あるいは「要綱」中心の自治体運営も終り、これらが市民の権利・義務にかかわれば、原則、議会による「条例」にすべきこととなります。明治以来はじめて《自治体法務》(後述)の自立がはじまるのです。

しかも、今回の「機関委任事務」方式の廃止にともなって、自治体行政の全課題領域が自治体議会の権限事項となるため、自治体法務をめぐって、首長のみならず、議会の責任は決定的に拡大します。今後は、議会は忙しくなり会期もながくならざるをえず、「通年議会」方式をとることになるでしょう。また議員自体も、議会立法のための条例立法技術の蓄積が不可欠となります。後述しますが、国の旧自治省が戦後につくった官治・集権型の参考資料にすぎない、従来の『標準議会会議規則』などともサヨナラして、各自治体議会はそれぞれ独自の〈議会基本条例〉ついで個別の「議会運営条例」を制定すべきです。

以上の、まず条例の自治立法、ついで国法の自治運用・解釈、いわば私のいう〈自治体法務〉（本書［2］として詳述）は、自治体の政府たる基本「権限」です。今後は、法務の自治運用責任は、市町村、県ともに、それぞれの自治体が〈政府〉として独自にもち、国の省庁は自治体の法運用・解釈、ついで立法、つまり自治体法務に直接介入できないのですから、各自治体では国の立法とその解釈が「唯一・正しい」という想定ももはや成り立ちません。とくに、国法水準をこえる自治体の政策・制度課題については、その自治体独自の「権限・財源」を創出するため、条例の制定という自治立法が不可欠となっていきます。〈条例〉制定という市民↓長・議会による自治立法が、今後、新しく自治体に「権限・財源」を付与・剥奪するのです。

今後、国は県や市町村、また県は市町村にたいする指導ないし通達の乱発というかたちをとった、オカミとしての官治・集権型後見性を喪失して、市町村、県、国間では政府間法治手続が原則となります。今回の新地方自治法では、市町村、県、国は、それぞれ、独自に市民から〈信託〉された、独自の政治・行政課題、つまり独自の権限・財源をもつ、自立した対等の「政府」となります。市町村、県、国の関係は《政府間関係》という意味は、ここにあります。

そのとき、具体的には、**市町村**は市民生活に直結する基礎政治・行政、**県**は中型の広域政治・行政、**国**は政策・制度の国基準策定＋直轄・大型事業＋貨幣・司法・軍事が、それぞれ政府としての《独自》課題となります。また、**国際機構**では国際平和＋国際専門基準をめぐる政治・行政がその課題です（**図1**、**図2**・本書31、32頁）。

なお、〈二〇〇〇年分権改革〉を準備する、政府間関係についての内閣法制局見解の変化などは、詳しくは拙著『政治・行政の考え方』第2章「官僚内閣制から国会内閣制へ」（一九九九年、岩波新書）でのべておきました。また、各レベルの政府間に対立がおきたとき、政府間訴訟ないし第三者組織による調整となります。とくに、これまで機関委任事務の強制手法であった、国による職務執行「命令」訴訟は、政府間「調整」訴訟という法治手続に変わります。

としますと、各市町村、各県の長・議会は、今後、自立した《政府》として、それぞれ独自の政策・制度をめぐる政治・行政責任を、かえって市民から、直接、訴訟をふくめて、問われることになります。そこでは、自治体職員はこれまでのように、国の威を借り、「機関委任事務だから」、「通達によれば」といったアリバイをつくって、市民や自治体議会の批判から逃げることはもはやできません。また、自治体議会も国法をこえて、「わが」自治体の考え方ないし政策・制度を条例として立法する責任をもったのです。

これまで自治体職員は、前述しましたように、機関委任事務方式にともなう国からの通達によって縛られるがゆえに、国によって「わが」自治体の市民、議会の批判から守られる、「考えてはいけない」ロボット職員でした。長・議会も、また職員とともに、地域争点の政策・制度解決では、機関委任事務についての国からの通達がくるまで「放置」していてよかったのです。だが、このナマケモノの「幸せ」を意味する官治・集権の時代は終りました。市民、ついで長・議会また職員の創意・工夫が急務となる〈自治・分権〉政治・行政のはじまりとなったのです。

〈二〇〇〇年分権改革〉によって、以上の意味で、自治体は《政府》となり、巨大災害をふくめ、まず、地域の政治・行政に直接、自治体政府としての責任をもつという、制度としての《転型》がはじまりました。

4　スクラップ・アンド・ビルド

今回、自治体が「政府」となったかぎり、これまで国の省庁が後見してきた自治体の前述の〈法務〉（本書〔2〕で詳述）だけではなく、〈財務〉（本書〔3〕で詳述）も自治体の政府責任として、あらたに市民から問われます。

日本は今日、先進国経済にうつりはじめて、経済成長率がよくて三％前後にとどまるだけでなく、また少子高齢社会に入り、人口減少が二〇〇〇年代には全国規模はもちろん各自治体でもそれぞれ顕著になるため、財源の自然増はのぞみにくくなります。

そのうえ、一九八〇、九〇年代、日銀・大蔵省による国の政策失敗によってバブルをおこし、ついでこのバブルの後始末にも失敗してデフレとなり、これまで想像もしなかったマイナス成長に直面して、二〇〇〇年代をむかえました。くわえて、国内市場拡大ついで景気対策に自治体を安易に動員するという、旧自治省・現総務省の政策失敗もかさなって、一九九〇年代以来、自治体また国の借金が急増して、それぞれの財務構造も急速に悪化します。

［補記　そのうえ、合併特例債などで、つまり自治体借金の拡大も、旧自治省・新総務省が煽ります。］

各自治体それぞれが今日、前述の法務とともに、この財務の責任も、市民に独自責任をもつ政府として、はじめて、きびしく問われはじめます。国・自治体（市町村・県）の政府間財源配分をめぐる「財政」とは異なる次元なのですが、政策ヤリクリとしての「財務」が、「機関委任事務」方式の廃止となったため、新しく自治体のフロンティア課題となります。

都市型社会にはいりはじめる一九六〇年代前後、いまだ、地域はナイナイづくしでしたから、日本の自治体は、国の「機関委任事務」方式による国法基準をふまえて、この「国法の執行」というかたちで政策のビルド・アンド・ビルドをすすめました。当時は、中進国型のたかい経済成長率のため、「自然増」というかたちで自治体税収はふえつづけ、さらには旧自治省の交付税交付金＋省庁の補助金もふえつづけるという意味で、自治体にとって「幸せ」だった時代でした。

しかも、日本が一九八〇年代までは先進欧米をモデルとする中進国であったため、いわゆる「未来目標」を明示できる段階でもありました。最近のマイナス成長は国の政策失敗による例外としても、前述しましたように、日本はすでに成長率のたかい中進国から成長率が低くなる先進国に移行しはじめ、未来についてはモデルなき「暗中模索」という先進国段階となりつつあります。

二〇〇〇年代にはいって、いまだに、中進国状況でのかつての、高成長段階あるいはまたバブル期の、「夢」をみつづけている自治体があります。現時点での決定的な経済の構造変化、とくに世界最先端となる人口の老化・減少をめぐる、財源縮小という《転型》についての予測に、日本の自治体はいまだに失敗しているといえます。そのうえ、旧自治省・新総務省による〈官治・集権〉型護送船団方式という過保護ものこり、自治体財源の緊迫についても、最後には国が助けてくれると、自治体はまだ安易に考えがちです。

この過保護への「甘え」からくる官治・集権〈国家〉、つまり官僚統治への過大な幻想こそが、自民党長期政権の基盤でした。いわば官治・集権という〈自民党史観〉による「自民党ボケ」です。だが、その結果、国をはじめ、県、市町村各レベルでの政官業複合による、安易な公共事業中心の公金バラマキのつみかさねによって、国は財源破綻、自治体は財源緊迫にはいってしまったのです。

「二〇〇〇年分権改革」後は、市町村、県ともに、自治体政府としての自己責任で、政策のスクラップ・アンド・ビルド、さらにはスクラップ、スクラップ、スクラップ・アンド・ビルドにとりくみ、ムダな施策を水膨れさせるという、従来の膨張体質を脱却する転回点にたったとみるべきでしょう。「政策評価」をともなう《財務》へのとりくみが急務となった理由です。

自治体は、国とおなじく、財源の自然増によって中進国型の「夢」をふくらませるビルド・アンド・ビルドという「膨張時代」つまり中進国段階を終り、スクラップ・アンド・ビルドにとどまらず、スクラップ、スクラップ、スクラップ・アンド・ビルドという、リストラによる再活性化という、きびしい〈財務〉での「縮小時代」にはいっています。むしろ、スクラップこそがビルドであるという先進国型の〈財務〉という考え方の導入が不可欠の急務となります。

＊

《二〇〇〇年分権改革》によって、市町村、県を問わず自治体機構は、政府としての自治責任を、私の問題提起としての《法務・財務》というかたちでになうのはもちろん、〈市民の信託による政府〉という「本来の」かたちでの政府責任を問われることになりました。もはや、国が中味を決める、従来の空虚な「地方公共団体」（local entity『日本国憲法』の英文用語）ではありません。このため、私がかねがねのべてきましたように、〈自治体基本条例〉ついで〈自治体計画〉の策定を基軸に（**図4**・本書92頁）、情報公開・市民参加を起点とする《自治体再構築》を、各自治体はそれぞれにめざさなければならなくなっているわけです。

「機関委任事務」方式の廃止とあいまって、今日の自治体では、（1）〈絶対・無謬〉の国法を前提とし、しかも（2）国の財源から〈無限大〉のバラマキを期待するという、〈国家全能〉を《想定》した、これまでのような「国家観念」ないし「官僚統治」からくる官治・集権は、終わりました。日本の自治体が、新しく〈自治・分権〉の段階に入ったことを率直にふまえて、日本の市民は《自治》の誇りをもって、みずから、あらためて《自治体改革》つまり〈日本再構築〉をめざすことになります。

くわえて、《二〇〇〇年分権改革》で「機関委任事務」方式を廃止したとはいえ、いまだ細かく自治体に官治・集権型規制・介入をめざしている今日の『地方自治法』自体を廃止するという政治戦略課題がのこっています。今後、自治体・国の関係については、〈基本枠組〉のみを規定する《地方自治基本法》に再編・簡略化し、自治体の政策・制度活動の実質は、各自治体の「基本条例」ついでその「個別条例」にゆだねるという、市民主権を起点とする自治・分権型政治・行政に移行します。

たしかに、さしあたり、《二〇〇〇年分権改革》によって、日本の基本構造の〈分権化・国際化〉をおしすすめ、自治・分権型に変える「手がかり」を獲得しました。旧来の官治・集権型の自治体は、今回の《二〇〇〇年分権改革》によって、《転型期》、つまり自治体をふくむ日本再構築という、新しい〈転機〉としての「危機」の時点に、日本の自治体がはいったという理由が、ここにあります。

［補記　〈二〇〇〇年分権改革〉ののち、国レベルでは二〇〇二年、財源再編をかざすいわゆる「三位一体改革」、また二〇一一年、民主党政権による「地域主権改革」もめざされたが、省庁官僚の抵抗もあって、いずれも法制を迷路化しただけなので、私は《自治体改革》の新段階とは認めていない。それぞれが、いわば整理された、説得性のある《理論戦略》の大構築ができなかったため、いつもながら省庁官僚の逆行性抵抗によって分断化・断片化されてしまったのである。今後の《自治体改革》は、私のこの二〇〇〇年講演ですでに立論していたように、〈二〇〇〇年分権改革〉からくる自治体新課題である《自治体法務・財務》の熟成によって、国の国法・財政構造の「官治・集権」構成、ついで省庁縦割規制、さらには国・自治体いずれものムダズカイ体質、を再編することにある。とくに、**図4**（本書92頁）にみる「基本条例」「自治体計画」の基軸性の再確認による《自治体改革》のつみかさね、つまり、自治体自体のたえざる「自治・分権」型再生が基本であると強調したい（『成熟と洗練』〔7・12・14・77〕参照）。だが、安倍自民党復活政権は公然と旧来の官治・集権型・省庁縦割のバラマキ政治・行政に逆行しはじめる。］

〔2〕 自治体法務の緊急性

1 〈政策法務〉はなぜ未熟なのか

これまで、政治・行政の中枢が国の機関委任事務であった日本の自治体では、独自の自治体法務とくに政策法務については考えもしなかったといえます。東京都などには法務部がおかれていても、これはほぼ旧来型の訴訟法務中心でした。〈自治体法務〉には、もちろんこの「訴訟法務」もふくみますが、今後、自治体法務の中核となるのは、私の造語ですが政策法務です。この《政策法務》は、自治体の独自政策の展開に対応して、(1) 国法の運用改革（自治解釈）あるいは (2) 条例による立法改革（自治立法）、さらに (3) 自治体による国法改革の推進をもめざします。

私は一九七五年、当時〈松下ショック〉といわれたのですが、『市民自治の憲法理論』（岩波新書）で自治体法務の不可欠性を提起していました（拙著『国会内閣制の基礎理論・松下圭一法学論集』

二〇〇九年・岩波書店も参照)。当時はまだ、この自治体法務の戦略性は、日本で法学者をはじめ誰も考えておりません。この「自治体法務」ないし「政策法務」は、〈二〇〇〇年分権改革〉をめぐる地方自治法大改正に先んじて、とくに一九八九年「政策法務」の造語、以来、自治体関連専門家の間でようやく論じられるようになり、おなじく私の提起による「自治体財務」ないし「政策財務」(本書〔3〕で詳述)とならぶ、自治体の新課題領域となっていきます。

〈二〇〇〇年分権改革〉にともなう「機関委任事務」方式の廃止によって、自治体法務ないし政策法務は、ついに各自治体にとって不可避の急務となり、私が提案したような法務担当ないし法務室の設置は、最近、各市町村、各県ではじまりつつあります。かつて一九八〇年代、私は社会教育行政の廃止、文化室、国際室の設置を提起しひろがっていきましたが、後述の財務室とともにこの法務室も自治・分権時代の緊急要請として設置されていくことになります。

一九六三年にはじまる「革新自治体」、あるいはその後ひろく「先駆自治体」による、政策・制度開発の模索と試行がはじまっていたとはいえ、自治体法務ないし政策法務についての独自の問題意識は当時はまだ萌芽状態でした。なぜ、自治体法務ないし政策法務の問題意識が日本の自治体で成熟しなかったのかという問には、本書〔1〕章にみたように、国の機関委任事務を中枢において自治体が構成されていたためです。行政とは「国法の執行」という考え方が戦前以来、戦後も、小学校から高校・大学において教育され、誰も疑いをはさまないほど日本人の思考に定着しているのも、この〈機関委任事務〉方式からきたといってよいでしょう。

そのうえ、明治憲法下では、国の立法は天皇大権(天皇主権説)、あるいは国家主権(天皇機関説)

図1　政治イメージの模型転換

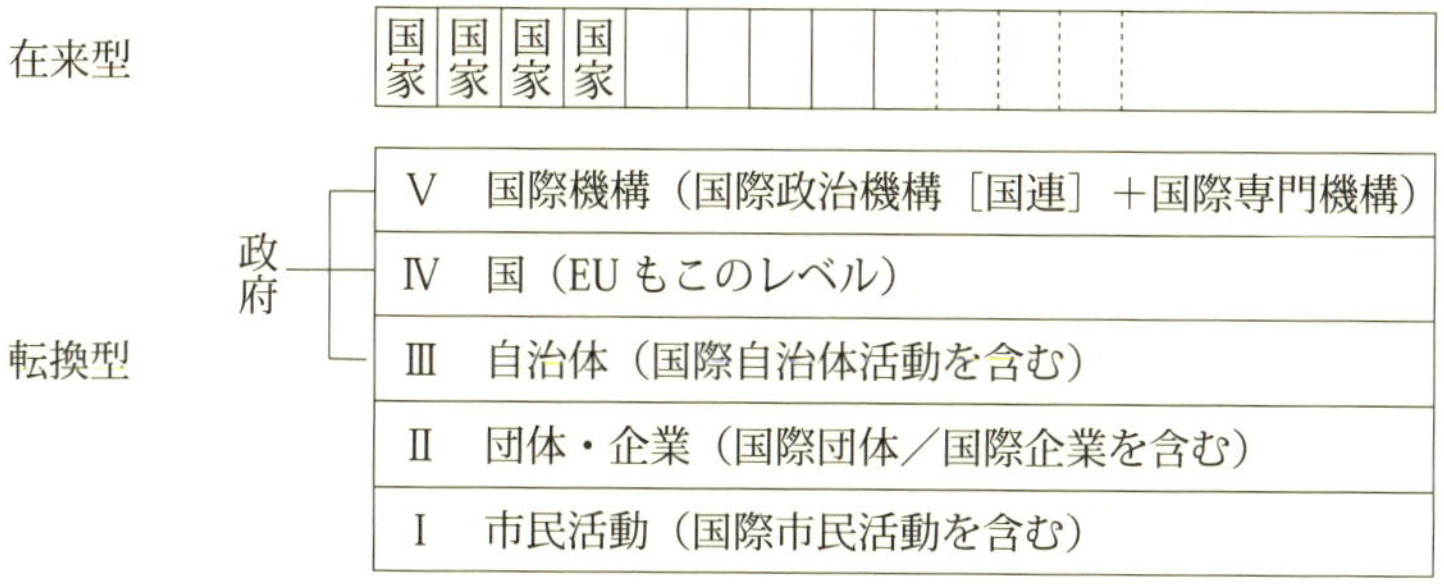

の発動とみなされ、かつ天皇は国法の裁可・執行権をもったため、国法は〈絶対・無謬〉とみなされていました。『日本国憲法』が自治体の条例立法をみとめたにもかかわらず、戦後も行政は「法の執行」というとき、自治体レベルでもその「法」とは、機関委任事務を中枢におく、〈絶対・無謬〉とみなされていた、〈官治・集権〉型の国法でした。

知事や市町村長は「市民代表」というよりも、今回の大改正まで、まず「国家機関」でした。知事、市町村長という長の選挙は地方国家機関の選出手続だったといってよいでしょう。この国から地方の「機関」への委任事務を中枢に、県や市町村は省庁の乱発する通達にもとづいて国法を執行するという考え方がひろく国家神話となって定着し、私が『市民自治の憲法理論』（岩波新書、一九七五年）で批判するまで、誰も疑いもしなかったのです。国家ないし国法という〈観念〉についての絶対・無謬幻想は、官僚崇拝とともに、戦後もつづいていたのです。そこでは、市町村、県は国に、しかも市町村はさらに県にも従属という関係でした。明治憲法を原型とし、『日本国憲法』でも変わらなかった、戦後日本の政治・

図2　政府・基本法・政策・法・経済・文化の重層化

国際機構	国連憲章	世界政策基準→国際法（普遍条約） （インターナショナル・ミニマム）	世界経済・世界共通文化
国	憲法	国の政策基準→国法（法律） （ナショナル・ミニマム）	国民経済・国民文化
自治体	基本条例	地域政策基準→自治体法（条例） （シビル・ミニマム）	地域経済・地域個性文化

行政の現実が、これでした。

その理論外装は、国の制定法は絶対規範という、戦前から日本の帝国大学法学部の主流をなした、後・中進国官僚統治モデルでの一九世紀ドイツ系の考え方で、二〇〇〇年代の今日もつづいています（『成熟と洗練』〔15〕）。だが、法とは、市町村、県の自治体、国、国際機構という各政府レベルで、（1）市民がたえず立法による改革をおこない、しかも（2）議会での党派妥協の産物という、（3）プラグマティックな社会工学としての〈市民準則〉だという考え方は、残念ながら今日も日本で未熟です。

日本の市民がのびのびと、自治体で条例をつくり、また自治体国法を自由に運用するようになるには、国法は官僚統治のための絶対規範とみなしてきた日本の官僚法学者、講壇法学者の発想を切りすてて、ひろく法は自治体、国、国際機構という政府の三分化に対応した、自治体法、国法、国際法それぞれが前述の〈市民準則〉だという考え方が、市民常識として成熟していくことがまず必要です。明治以来の国家・国法観念中心の日本の法哲学ないし法理論はすでに破綻となっています（**図1・2**。なお、前掲拙著『国会内閣制の基礎理論・松下圭一法学論集』も参照）。

しかも、自治体では、国からの官治・集権トリックの〈機関委任事務〉方式が中枢となっていましたから、機関委任事務には条例立法はできず、また関連国法の解釈権は省庁の「通達」ついで「行政実例」、あるいは最後には職務執行「命令」訴訟というかたちで、所管省庁が独占かつ強制することになっていました。このため、「自治体法務」という考え方すら自立できず、国の省庁に縦割で自治体は所管されていたのでした。

ようやく一九六〇、七〇年代、当時「市民運動」といわれた《市民活動》を背景に、革新自治体、ついで先駆自治体がまず、都市型社会における市民の生活権、つまり福祉・都市・環境をめぐって、私の〈シビル・ミニマム論〉(『成熟と洗練』〔77〕)を手がかりに、政策・制度の独自開発をはじめます。だが、当時はまだ、市町村や県が法務室を設置して、自治体法務をになう法務職員を養成するという、独自の自治体責任はまだ誰も考えておりません。

〈二〇〇〇年分権改革〉後の今日でも、日本の政治学者、行政学者、あるいは憲法学者や行政法学者のおおくは、いまだ自治体が独自の法務政策をもつとは想定していないといってよいでしょう。とりわけ、官僚法学ないし講壇法学の発想のつよい憲法・行政法学者は、自治体の職員のなかに法務要員が輩出するとは考えず、「わからなかったら聞きにこい、教えてやる」という態度を、つい最近までとりつづけていたといっても過言ではありません。それどころか、最近まで、日本の法学者は、政治学者・行政学者も同じでしたが、自治体経験はほぼ審議会どまりで、国についてとおなじく、自治体の政治・行政、とくに政策立案・立法の現場経験はほぼ皆無でした。

また、戦後、一時、保守系・革新系という学説の対立があるかのようにみえました。だが、当時の保守系・革新系双方とも、学者、理論家たちは官治・集権型理論としては同型で、いずれも国家観念を前提とする官僚統治を原型としていました。そこでは、自治体も私のいう《市民主権》からの出発ではなく、「国家」の枠内で、いわゆる「団体自治・住民自治」を、官僚統治のもとで〈制度保障〉されるという、今日もつづくナサケナイ立論をするにすぎなかったのです。

ですから、自治体条例についても、大学の講義ではほとんどふれていません。ふれたときも、条例の法効力は国法に劣るという国法至上の法段階論をくみたてて、自治体の条例は国法をめぐる法段階論のハミダシモノと考えていました。私のいう「政府の三分化」（前掲**図2**・32頁）によって、法が自治体法（条例）、国法（法律）、国際法（普遍条約）に三分化するとは、二〇〇〇年代の今日になっても、熟したかたちで法学者は誰も考えておりません（『成熟と洗練』［68］）。

それだけではありません。明治憲法制定以後、立法は天皇大権のため、帝国議会はその「協賛」（明治憲法用語）機関にすぎず、日本の法学は国法の絶対・無謬性を前提とする「解釈論」のみにとどまります。その結果、市民立法が可能となった国民主権の戦後も、日本の法学はその体質として、「立法論」そのものを素人論として軽侮するという事態がつづいてきました（拙著『政治・行政の考え方』第4章市民立法の発想と法務、一九九八年、岩波新書参照）。

明治以来、つい最近まで、立法をめぐって、法案づくりは省庁官僚の〈秘儀〉で、この官僚立案の「閣法」の成立には、「修正」はありえても、立法府の国会は〈協賛〉のみと、戦後もみなされつづけます。このため《最高機関》かつ〈立法府〉たる国会では、《国会立法》という言葉、またその発想・技法・組織も今日も未熟のままとなっています。《国会立法》という考え方すらもなく、官僚立案の「閣法」に比して、みずからを卑下するかのような、ナサケナイ「議員立法」という言葉にとどまる始末です。大学で「立法学」の講座設置を考えないのもここからきます。今日でも、私が提起したようなかたちで、立法学を市民立法から出発させて、自治体の立法、国の立法を論ずるという市民型理論家は弁護士をふくめても、まだごくごくわずかにすぎません。

2 政府信託論と国家統治論の対決

自治体が今日まで法務を放棄してきた責任は、自治体の責任ではありません。なによりも「機関委任事務」方式を中枢に、国、自治体をつらぬいて、行政とは絶対・無謬の「国法の執行」とみなしつづけてきた、今日もつづく明治国家型の官僚法学ないし講壇法学の理論責任をまず問わなければなりません。

そのうえ、すでに国法は絶対・無謬ではありません。私がくりかえしのべるように、かつての数千年つづく変化のゆるやかな「農村型社会」と異って、変化のはげしい「都市型社会」に日本も一九六〇年代からはいりはじめたため、(1) 全国画一、(2) 省庁縦割、(3) 時代錯誤という、国法つまり法律における、世界共通の今日的構造欠陥が露呈していきます。この国法の構造欠陥は、日本ではとくに都市型社会の成熟する一九九〇年代以降では、毎日のように構造汚職とともにニュースにでるようになりました。ここにみられる国の政治家の政治・立法未熟、ついで省庁官僚の「劣化」、とくに、①「国法絶対」、②「省庁縦割」、③「立法改革先送り」という官僚思考にたいして、先駆自治体による自治立法、つまり《条例》を起点とする、国法改革への先導はすでに一九六〇年代から始まり、今日では不可欠となっています。

事実、新地方自治法による〈法定受託事務〉といっても、「法定」の法つまり国法がたえず改定されないかぎり、国法自体が前述の（1）（2）（3）、①②③という構造欠陥をもつ「悪法」にすぎないではありませんか。このことを一九七〇年代、私が指摘するまで、日本の官僚法学、講壇法学では考えもしなかったため、「正法」への〈解釈論〉のみにとどまり、「悪法」の改革という〈立法論〉にたちおくれてきたのです。ここにこそ、国レベル、自治体レベルにおける日本の法制・法学の危機、ついで立法・法運用をめぐる現実の政治・行政の危機があります。

明治以来、自治体を国の下請「機関」、つまり国の「手足」とみなしてきた《国家統治》理論が、戦前の美濃部達吉、佐々木惣一によって総合された官僚法学、講壇法学として戦後も正統理論となり、この理論系譜が二〇〇〇年代の今日でもつづいているのです。『日本国憲法』の制定にもかかわらず、戦前型の官僚法学、講壇法学では、〈国民主権〉つまり市民一人一人が活性化する《市民主権》を外装にとどめ、実質は明治憲法型の「国家統治の基本法」という、時代錯誤の理論構成をつづけています。マスコミなどで、国の《政府》をわざわざ「統治機構」とよんで、威厳づけをおこなっている理由です。

この「統治」という観念は、成沢光さんがあきらかにしたように、明治初期、近代国家形成をめざして天皇の政治位置をしめすため、あらたに造語されたのでした（成沢光「統治」、日本政治学会年報一九七九年版『政治学の基礎概念』岩波書店、同著『政治の言葉』一九八四年、平凡社所収）。

この国家統治という戦後もつづく考え方は、さらに特殊日本の〈三権分立〉というかたちで、戦前型の官僚統治つまり行政機構を基幹とする時代錯誤の権力分立論として、戦後に残ります（『成熟と洗練』〔74〕、同書**図3**・二三五頁）。それゆえ、『日本国憲法』がめざしている「国会内閣制」ではなく、明治憲法型の「官僚内閣制」が、国レベルで戦後の自民党長期政権としてつづき、政治家たちもいまだに官僚法学・講壇法学にしたがって、政府を「統治機構」とよびつづけ、その「統治」という言葉に酔っているほど、時代錯誤なのです。この点についても、前掲の『市民自治の憲法理論』また『国会内閣制の基礎理論・松下圭一法学論集』できびしく批判しました。

明治憲法では、明治憲法前文に「国家統治の大権」とでているように、天皇は国家統治の主体として位置づけられていました。国民主権から出発する『日本国憲法』のもとでも、官僚法学・講壇法学では、天皇主権を言葉としてのみ国民主権にうつしかえただけで、《国家統治》すなわち官僚統治という考え方は戦後も一貫してつづきます。『日本国憲法』も、憲法学では明示・黙示を問わず、二〇〇〇年代の今日も「国家統治の基本法」なのです。

戦前は天皇主権が国家統治ないし官僚統治を美化しましたが、戦後は国民主権が国家統治ないし官僚統治を美化するというかたちで、戦後憲法学の理論構成は戦前と同型、つまり戦後も戦前型の《統治》発想がそのままのこっているのです。行政法学者も最近、奇妙にも、自治体政府をも「統治」機構とみなす学者もではじめました。自治体の政府、国の政府いずれについても、その成立根拠となる『日本国憲法』前文の《政府信託》ないし負託、つまり市民からの「授権」という考え方を、「国家統治」の系譜にたつ日本の官僚法学、講壇法学は今日も理解できておりません。

「国家統治」と「政府信託」は、憲法・行政法理論の理論構成として決定的に異なるため、この国家統治に《市民自治》を私は対置させ、市民自治による〈政府信託〉を起点において、国民主権を空洞化する国家統治つまり官僚統治という考え方を批判してきたわけです。政治学者、憲法学者、あるいは行政学者、行政法学者も『日本国憲法』前文の「信託」の意味をあらためて検討すべきでしょう（前掲拙著『市民自治の憲法理論』一八六頁以降に詳述）。

これまで、国家観念を実体化ないし擬人化し、自治体は実体化・擬人化された国という「首」からの派生、つまり「手足」にすぎない「地方公共団体」とみなしてきたため、「統治」主体の「国家主権」のもとで、どこまで団体自治・住民自治を「制度保障」つまり許容するかというかたちでしか、自治体についての議論をくみたてえなかったのです。政府信託では、市町村・県の自治体、国、それに間接的には国際機構をふくめ、市民がそれぞれのレベルの政府に、その独自課題（本書22頁）それぞれを「複数信託」するというかたちで、統一的に説明できるではありませんか（『成熟と洗練』〔15・74〕）。

3　自治体は独自課題をもつ《政府》

だが、今回の新『地方自治法』によって、〈機関委任事務〉方式という官治・集権の制度トリックは廃止となり、自治体としての市町村、県は、国とともに、市民によって〈信託〉ないし授権された、それぞれ独自課題をもつ「政府」となりました。政治景観は一変したのです。既存の憲法学・行政法学教科書はすべて「廃本」となります。

今日、**図1**（本書31頁）のように、政府概念は自治体、国、ついで間接的ですが国際機構の各レベルとに三分化し、自治体レベルでは、基礎自治体（日本では市町村）と広域自治体（日本では県）に二層化します。それゆえまた、法も**図2**（本書32頁）のように、それぞれ独自課題領域をもつ条例（自治体法）、法律（国法）、普遍条約（国際法）に三分化となります。

『日本国憲法』の制定にもかかわらず、明治憲法以来、今日もつづく官僚法学、講壇法学の考え方は、「三権分立」となっています。つまり国家主権ないし国家統治は、官僚中核の「内閣」を中軸として、「国会」、「裁判所」の三機構が分担し、この三機構の中軸の内閣を〈省庁官僚〉（とくに次官会議）がささえるとともに、この省庁の縦割政策決定が「機関委任事務」として、県、市町村に下降・貫徹するという考え方を、戦後もとりつづけているのです。私が今日もつづくこの国の官治・集権型政府構成を〈官僚内閣制〉と位置づけるのは、このためです。

そのとき、国権の「最高機関」（憲法四一条）という国会の位置づけは内容のない〈政治的美称〉、つまり空文だというのが、また今日もつづく講壇憲法学の通説です。驚くべき時代錯誤の理論構成ではありませんか。私が講壇法学という理由です（『成熟と洗練』〔74〕）。

このような官僚内閣制が、戦前の短い、いわゆる政党内閣時代もふくめて、明治憲法制定以来つづく結果、『日本国憲法』で知事公選となり、国の出先だった県がカタチでは自治体となったとはいえ、今度は市町村にたいしてとおなじく、県についても機関委任事務の下請機関に再編し、今日も官僚出身知事が半数ほどはつづく始末です。戦後政治・行政の官治・集権構成は、四国占領軍による直接・分割支配のドイツと異なって、日本ではアメリカ一国のみの占領軍による「間接支配」のためもあって、戦前の旧法務官僚による官僚法学の明治憲法型理論構成がソックリ残ってしまいました。こうして、日本の国会議員も、〈国会内閣制〉の「政治家」ないし〈立法者〉とはみずからを考えず、〈官僚内閣制〉のオコボレにあずかる「族議員」ないし「地元議員」としてのクチキキ議員に堕し、〔補記　民主党政権が「次官会議」を廃止するまで〕、近年の自民党内閣の閣議は一日前の「次官会議」の「追認」にとどまっていたのでした。

そこでは、また、都市型社会の今日、〈不可能〉なことが想定されています。省庁の官僚は「絶対・無謬」だから、霞ヶ関にいて、全国スミズミまで、その個別施策についてのカ所づけないし許認可や補助金を決定できるという、現実には不可能な「国家」の官治・集権型タテマエが固持されているのです。

〔補記　今回の東日本大震災復興ですらも、この官治・集権という旧来方式のママで、日本の政治・行政自体が破綻状況をしめしていることについて、この叢書の神谷秀之・桜井誠一著『自治体連携と受援力』を参照。また、最近の国会であきらかとなったのだが、戦後半世紀、日本の政府・官僚は、縦割行政のハザマで、領土・領海の決定条件である離島の全調査すら、この二〇一三年の今日も終わっていないという、惨憺たる政治・行政水準にあることに注目したい。〕

だが、この官僚法学・講壇法学の官僚全能というタテマエが不可能だからこそ、その〈媒体〉として地元議員の陳情、族議員の育成、あるいは国会あるいは県への省庁官僚の戦前型出向、さらには省庁直接の地方支分部局への過剰な職員配置から、膨大な「准」公務員が自己増殖する外郭組織の乱設までのムダが、「必要」となっているのです。この点だけみても、《二〇〇〇年分権改革》における〈機関委任事務〉方式の廃止をふくめ、今後の国ないし省庁の権限・財源ついで責任の「分権化」が不可欠ではありませんか。

今回の新地方自治法によって、自治体も独自の立法権、行政権をもつ政府となるため、自治体課題（事務）をめぐって、自治事務はもちろん法定受託事務についても「上乗せ・横出し」での自由な「条例」制定ができ、逆に自治体議会を排除するための、長による「規則」さらには「要綱」もできるだけ自治体議会が同意・議決、つまり「立法」する条例にすることになりました。国の「機関委任事務」から、これまでノケモノだった市町村、県の自治体議会も、《二〇〇〇年分権改革》で、はじめて、自治体の政治・行政の全域にとりくみうる、自治体政府の構成体となり、議会は長とともに、その権限ついで責任が、〈政府〉として、飛躍的に拡大します（地方自治法一条の２①②、二条⑪⑫⑬参照）。ようやく、私が造語した、日本の自治体における長・議会の〈二元代表制〉が、その実質をもつことになりえたのです。

自治体議会はこれまで、条例制定については、（一）省庁からくるモデル条例のコピー条例（公安条例など）、（二）組織、定員、給与、またハコモノ設置などの形式条例、（三）罰則のない美文型の宣言条例、にほぼかぎられ、先駆自治体をのぞいて、罰則づき条例による独自政策・制度の構築にはとりくんでこなかったといえます。《二〇〇〇年分権改革》後は、自治事務、法定受託事務いずれも「自治体事務」つまり自治体課題ですから、政府としての自立性、政策・制度の創意性を基本に、罰則つきで実効性のある条例をつくらざるをえなくなります。自治体議会はようやく今回の新地方自治法によって、自治体の政策・制度をめぐる「立法議会」となったのです。もはや、たんなる官僚用語としての「議事機関」(『日本国憲法』九三条)ではありません。

ここで、『日本国憲法』の策定時、当時の日本の法務官僚は国に自治体を従属させるため、自治体議会を国会と区別して「議事機関」とし、また内閣の「行政権」にたいして自治体はあたかも内閣の「行政を執行」するというような表現をとっていることに留意したいと思います。『日本国憲法』制定当時、戦前派法務官僚は官僚法学にもとづき、オソマツながら、細心の注意をもって、国と自治体との間に用語法の選択をおこなったのです。自治体あるいは地域政府とせずに、内容空虚で中味を官僚がうめる「地方公共団体」としたのも、同じく当時の官僚法学のシカケでした。私が今回の『地方自治法』大改正を、憲法の運用整憲ないし運用改革とみなして、実質での運用改憲という理由です(『成熟と洗練』〈76〉)。

今日では、自治体の政治・行政はもはや「国法の執行」ではありません。市町村は「基礎」の政治・行政をになう基礎自治体政府、県は市町村がとりくみにくい大型・専門政策で市町村を「補完」する政治・行政をになう広域自治体政府として、それぞれみずからの課題をめぐって、政策・制度を立案・実現する立法権・行政権を、市民の〈信託〉によって直接もつ政府となったのです。そのうえ、これまでの「指揮監督」を原型とした、国はもちろん、県による市町村への安易な「介入」ないし「規制」も、もう許されません。国法は自治体の独自政策・制度の立案・実現の全国基準として尊重されますが、前述のようにこの国法も自由な自治解釈をふくめ、自治体の独自法務による「自治運用」・「自治立法」によって、「上乗せ・横出し」されることになります。

もし、今後、自治体が〈自治体基本法〉、つまり自治体憲法としての《自治体基本条例》をみずから制定するならば、この基本条例は個別の自治立法としての条例についてはもちろん、また自治体による国法運用についての〈枠組法〉となるため、この基本条例は、自治体レベルでは国法のいわば「上位規範」となります。

戦前以来、講壇法学の基軸をなす国法中心の「法段階論」は、ここで決定的に崩壊します。自治体が「政府」としての法務責任をになうかぎり、私が造語・提起したこの基本条例は、基本法としての国の憲法、国際機構の憲章とおなじく、各自治体にとっての「基本法」として不可欠です。

［補記　**図2**・本書32頁。また『成熟と洗練』〔52〕。なお、二〇一一年現在、基礎自治体の市町村はほぼ一七〇〇だが、自治体基本条例、自治体議会基本条例はそれぞれ三三〇前後とみられている。］

とすれば、戦後改革でも再編されなかった明治憲法以来の官治・集権型の官僚法学、講壇法学は、市民を起点におく、私のいう自治・分権型の《市民法学》に転換することが、《二〇〇〇年分権改革》後はとくに急務となります。

4　法務職員の充実が第一歩

新地方自治法によって、以上にみた自治体法務の自立が不可欠となるため、長の機構、それに議会の機構にも、法務職員が不可欠となりました。

長の機構では、これまでの文書課を数人の法務室にあらためることになります。ただ、この法務室に既成行政法学の優等生職員をあつめるとき、時代錯誤の戦前型官治・集権法学発想しかできず、もし自分がわからない論点がでたとき、「法律上できない」といいはりがちなため、「役立たず」になることを想定しておかなければなりません。このため、法学にくわしくなくても、政策立案能力をもつベテランないし中堅の職員十名前後でプロジェクト・チーム型の「法務委員会」を、従来のアテ職による審査型の例規委員会とは別に設置し、数人どまりの法務室をその事務担当とすることが必要となります。

この法務職員には、自治体学会などの学会や自主研究職員サークルなどですでに育っている方々もおおくいますが、新しく養成するには自治体法務をとくに重視している特定大学の法学関連大学院修士課程への、社会人入学制度を利用するのが、さしあたりの便法です。研究目的をのべた小論文と面接でほぼ入れます。一年に二人おくりだすとしますと、一〇年で二〇人の法務職員が、その自治体で育つではありませんか。法務職員がふえれば、数人の法務室だけでなく、議会にも配置できますし、各主要部課にも配置できます。また、自治体から出向の法務職員が大学院生としてふえれば、大学院担当の法学教授も立法学にとりくまざるをえなくなり、明治以来解釈学のみの日本の講壇法学を変えていくでしょう。

もし、町村では法務職員をおく余力がないときは、県単位の町村会ついで町村議長会がそれぞれ、県内の町村職員ＯＢなどのなかから法務ベテラン職員を数人さがしだして、法務センターをそれぞれ設置すべきです。このセンターは各町村から個別の相談に応じる実務態勢をもちます［補

記　二〇〇五年現在、講演などによる私のすすめで、すでに一〇県前後で発足」。

条例の自治立法、国法の自治運用をふくむ自治体の政策自立をめぐって、当然ながら、議会も今後いそがしくなります。従来のように、一年を七〇日前後ですごすわけにはいかなくなり、すくなくともその数倍の日数は必要となるため、自治体議会は、実質、「通年議会制」をとることになります［補記　二〇〇四年、ようやく『地方自治法』改正で議会招集回数の自由化となる］。今後は、各自治体議会は自由に『議会基本条例』をつくって、長や幹部職員もでない全員協議会、また委員会協議会などを公開でひらき、議員のみによる独自の自由討議ないし審議ができるシクミなどもつくればよいわけです。

たんなる参考にすぎないにもかかわらず、今日も神聖視されて通用しているのですが、戦前の帝国議会をモデルとして旧内務官僚が原型をつくった戦後の『標準議会会議規則』などとは、もうサヨナラする時点にきているのではないでしょうか。ですから、この『標準』を時間をかけて変えるよりも、ドシドシ、今日から各市町村、各県の議会が創意をもって自由に独自の『議会基本条例』ついでいくつか個別の『議会運営条例』をつくればすむはずです。この方向がすすめば、各レベルの議長会がだしている全国画一の『議員必携』にのっている旧『標準』はポイステとなります（『成熟と洗練』〔52〕）。

自治体では長・議会制という、〈二元代表制〉ですから、議会も長とおなじく市民会議もひらくべきでしょう。また議会では、公述人、参考人を議会への市民参加制度として運用するのも、当然必要です。主権をもつ市民の専門知識・文化水準が、国レベルでも自治体レベルでも、官僚法学で硬直している長・議員や官僚、職員よりもたかまっています。今日でも、『議員必携』の旧『標準』では、主権者たる市民にはナサケナイ言葉ですが「陳情・請願」、また「取締り」対象の「傍聴人」どまりなどとなっていますが、これはマチガイではありませんか。考え方の基本がまちがっているのです。

そのほか、自治体議会も「立法研究所」（仮称）を設置し、議会手続ナシでいつでも市民ないし専門家と、議員が自由に討論しうるような研究会方式のシクミをつくることもできます。議員各自に配分されて小遣い銭となりがちの議員の政策調査費も、半額は議会事務局で一括管理し、このような議会「全体」を拠点とする調査・研究・立法活動に使うべきでしょう。

自治体議会は、これまで、国会とおなじく、あまりにも会派タテ割にとじこもり、党議拘束もあって、議員個人相互の「自由討議」をほとんどおこなっておりません。それどころか、国会以上に、自治体とくに県では、首長部局からの「派出」による議会事務局職員が議会管理ないし事前調整するため、議会運営は形骸化・儀式化されています。だが、参考人、公述人はじめ、ここでみたような市民参加の様々なシクミを各自治体議会がつくれば、また議会事務局職員の首長部局からの「自立」の制度工夫がすすめば、この「自由討議」に対応できない議員は、明日から辞任するようになるでしょう。また、「情報公開」がすすむとき、議員の討議水準もさらにたかくなるため、自由討議の活溌化とあいまって、長や職員の水準もたかくならざるをえません。

〔3〕 自治体財務の緊迫化

1 財源緊迫はどこからきたか

かつて、政府、とくに旧大蔵省、日本銀行の政策失敗によるバブル、ついでこのバブルにたいする政策対応の失敗もかさなって、一九九〇年代からは経済マイナス成長をふくむデフレ基調となったため、国債増発がつづいて国の財務は破綻状況にちかづくとともに、起債拡大によって自治体の財源も緊迫してきました。旧自治省統計での一九九八年度でみるとき、経常収支比率は平均九〇、公債費負担比率は一五ですから、この平均比率以上に悪化している低水準の自治体がたくさんあるわけです。前者は八〇まで、後者は一〇までが適正とみられていますので、自治体全体として緊迫状況にはいっています。

［補記　その後とくに市町村では、旧自治省・新総務省による、ケジメのない「合併特例債」などのバラ

マキなどからくるムダづかい奨励によって、総務省の交付税措置があるとはいえ、合併自治体を中心に自治体の公債費負担が激増します。」

すでに、経常収支比率が一〇〇前後という県や市町村もあります。合併自治体ではありませんが、経常収支比率が一〇〇をこえた東京の小金井市は退職金もはらえなくなり、一〇〇〇人の職員のうち二〇〇名を減員しました。組合も同意し、五人に一人がやめているわけです。それでもまだ自治体財務としての解決にならないため、小金井市ではさらに第二次の勧奨退職として約一〇〇名を予定しています。その理由は、すべての市の目標値とみなすべきなのですが、小金井市が常勤職員一人あたりの市民数はかつての八八名を、一二〇名にし、ついで一八〇名にしようとしているためです（本叢書の加藤良重著『自治体財政破綻の危機・管理』参照）。

小金井市の事態は例外ではありません。小金井市ははやく都市化をみたため、職員高齢化もはやくすすみ、人件費をめぐる破綻がはやくやってきただけです。東京近郊あるいは関西地区の市でもこの破綻はひろくみられます。県でも今日、自治体職員の減給、減員は当然です。

独立採算制の公立病院や交通の職員は別としますが、そのほかの全常勤職員一人あたり市民数のバラツキが市町村間、また県間でいちじるしくめだちます。職員数の過剰な市町村、県はその理由をどう説明するかが、今日ではきびしく問われはじめています。市では職員一人あたり一五〇人以上、町村ではできるだけ職員一人あたり一二〇人をこえなければ、自治体として「持続可能」でなくなっていきます。巨額借金返済の緊急性もあって、もちろん非正規職員増もめだちますが、最近では正規職員一人あたり市民二〇〇人をめざす市もでてきています。

この財源緊迫は、二〇〇〇年前後のデフレにくわえ、今後の人口の老化・縮小、つまり日本の《経済縮小》という「日本転型」のはじまりを意味します。だが、もしマイナスの経済成長がわずかながらプラスに転化したとしても、ムダなハコモノづくりやバラマキなど、各自治体の自己膨張型〈行政体質〉を、市民参加による《自治体計画》によって未来を「可視化」して、体質改革をしないかぎり、この緊迫はなくなりません。

くりかえしますが、この自治体の財源緊迫の基本には、一九六〇年代前後からの中進国型経済高成長からバブルにいたる財源の自然増、さらにこの自然増をあてにした新借金によるムダづかい、これにともなう人件費増という、日本における行政特有の時代錯誤構造、とくに「大福帳」会計方式による行政水ブクレないし財務無能があります。このため、「連結・複式」会計方式の導入によって、行政体質を正常なスリム体質にしていかないかぎり、今回の長期デフレがなくても、日本の先進国型への移行にともなう経済縮小とあいまって、かならず自治体財務問題はおこっていたといえます。旧自治省・新総務省がめざした「市町村合併」では解決できません。

［補記　この《会計方式》という論点を、日本の政治学をはじめ、行政学・財政学、また経済学も、これまで提起していなかったのである。この日本における社会理論の脆弱性は、今日の国、自治体の財政破綻問題をめぐって、致命的欠陥だというべきであろう。］

二〇〇〇年代にはいって、まず、私たちが考えなければならないことは、中進国段階での国の経済高成長がうみだしていく財源の自然増をあてにした、政策のビルド・アンド・ビルドの時代が、先進国段階に移行しつつある今日の日本では、他の先進各国とおなじく終りとなったことです。先進国段階になれば、よくて三％前後、〇％ないしマイナスもあるという経済低成長となり、人口の高齢化ついで人口減少による「経済縮小」とあいまって、財源の自然増のないゼロ・サム状況、さらには《財源縮小》になります。とすれば、政策をビルドするにはまずスクラップが不可欠という、スクラップ・アンド・ビルド、さらにはスクラップ、スクラップ、スクラップ・アンド・ビルドの段階に、日本もはいっていることになります。

2 「大福帳」方式から複式・連結へ

地域経済は自治体のあり方とも相関して不均等展開しますから、デフレによるマイナス成長がわずかながらプラス成長になって財源増のある自治体があるとしても、これまでムダヅカイした自治体では、外郭組織でのカクシ借金の処理をふくめ、わずかの財源増もその財務体質をよくするための借金減につかわざるをえません。しかも、さしあたり、不確実で時間のかかる財源増をめざすよりも、政策スクラップをすすめることになります。

これは、悲観論あるいは消極論のようにみえますが、そうではありません。日本の自治体が市民に政治責任をもつ「政府」となるには、法務責任とともにこの財務責任について、今日の大福帳方式にかわる、前述の複式・連結財務方式を採用・公開（『成熟と洗練』〔19〕）をふくめて、まず誰にもわかる着実な一歩をふみだすことを意味します。

日本の自治体は、かつての保守・革新系いずれの長・議員、またひろく職員をふくめて、これまで「国家」観念崇拝による官治・集権心性を強くもつため、最後は旧自治省・新総務省ないし「国家」がタスケてくれるという幻想をもち、《二〇〇〇年分権改革》後も、法務とともに財務をふくめて、国とくに旧自治省・新総務省への依存心理をもちつづけています。総合整備事業債、合併特例債など今日の財源緊迫を加速させた旧自治省・新総務省は、今となって自治体にたいしていろいろ膏薬バリを工夫しはじめていますが、結局は焼石に水です。今日の自治体の財源緊迫には、起債の交付税措置などをテコとし、景気対策を名目に、自治体起債つまりムダづかいをあおったにもかかわらず、どれだけ〈連結・累積借金〉があるかがわからないという、自治体会計方式のオクレをめぐる、旧自治省・新総務省の無責任こそを問わなければなりません。

以上が、［補記 二〇〇七年夕張市破産後、自治体借金についての「累積・連結指数」の作製・公開となるまでの］日本全体のナサケナイ行政水準だったのです。事実、そのほかにも、今年度購入の請求書を次年度に請求させるという、違法自治体すらみられます。

《分権化》とは、市民参加による地域づくりをめぐって、自治体計画を基軸（図4・92頁）に、法務・財務の責任を国から自立して各自治体みずからが、《市民政府》として独自にとることにあります。つまり、「地方六団体」を統轄するというような自治省・総務省の護送船団方式を解体して、個々の各自治体が自治・分権型に、政府責任をになって自立することを意味します。そのうえ、国全体の財政構造はすでに御承知のように破綻状態で、国は景気対策の名目のもとに輪転機で国債を刷っていますが、これはまた、いわゆる「国家破産」につながっていきます。

［補記 二〇一〇年代では、日本の政府借金はギリシャ、スペインなどをはるかにこえるのだが、世界第

三位のＧＤＰで二〇〇％超という、世界に超絶した、「政府破産」寸前の綱渡りの危機状況にある。実に二〇一二年度末で、一〇〇〇兆円となり、国債利率があがれば今日のヨーロッパ各国にみられるように、この巨大借金はまた自動的にふくらむ。」

二〇〇〇年代の日本では、半世紀にわたる自民党長期政権がつみあげた巨大借金を前に、どのような政治・行政ないし法務・財務の「構造改革」をなしとげうるかが、私たち市民の緊急課題となっています。だが、今日のところ、国の国会・内閣ないし省庁官僚をはじめ自民党「政官業学複合」は、官僚内閣制型各既得権の拡大をいまだにおしすすめ、マスコミもこの基本論点では安易・無責任で、この「構造改革」の課題についての危機感をもっておりません。

とすれば、私たち市民個人は、各自治体、また国にたいして、政府責任としての財務再生方法を問う必要があります。とくに、国内需要拡大ないし景気対策の名分のもとに、交付税措置をアメとするムダヅカイを自治体にあおった責任も、旧自治省・新総務省は自覚すべきです。つまり、交付税措置→起債→ムダヅカイという悪循環を、自治体におこしていたのです。

この交付税バラマキの財源も、もはや国税ではたらず、財投資金をいれたため、旧自治省・新総務省による交付税措置のバラマキは、実質、自治体全体の借金総量をふやすこととなり、国の交付税特別会計もすでに破綻状態となりました。これまで旧自治省・新総務省が保証するかにみえていた高率の交付税措置率が、いつ無責任にきりさげられてもおかしくはありません。自治体がこの事態を想定するのは当然です。国家観念によって聖化された旧内務省の体質をもつ旧自治省・新総務省の絶対・無謬神話は、とっくに終っているのです。事実、自治省・総務省出身の知事などの多くも、論語よみの論語知らずと批判されています。

各自治体は、自立した責任ある《市民政府》として、〈政策財務〉責任を自覚して「自治体財務」を、自治体法務とおなじく、鋭意、市民同意、職員合意、さらに長・議会の決断でおしすすめることが急務です。いつかは国が助けてくれるというのは、将来の経済縮小が加速し、国の財政破綻がすでに予測されている今日、もはや幻想にすぎません。自治体は、国の省庁財源の分権化とあいまって、国へのオネダリというみじめな自治体間競争ではなく、自立した法務・財務の政策開発という自治体間競争にむけて、経済高成長期以降とくに肥大した国へのアマエから脱却すべきときとなっています。

3 〈政策財務〉による自治体再編

以上のような考え方の転換が、「財政」という自治体の〈収入〉をめぐる制度改革とは別に、「財務」という自治体の〈支出〉をめぐる政策再編をおしすすめることになります。政策財務とは、国、自治体をとわず《政策再編》をめざす「政府経営」の技法です。

この自治体財務は、次の構造条件へのとりくみからはじまります。

(1) 日本は中進国段階から《先進国段階》にはいりはじめて経済規模もおおきくなりましたが、また少子高齢化から人口縮小の最先端国になるとともに、国内企業の外国進出とあいまって、経済成長率はかつて中進国段階での一〇%前後から、マイナス成長をふくめ、よくて三%前後という時代に入っていく。自治体の財源も自然増なき、いわばゼロ・サム状況以下になります。国、自治体ともに自然増がなければ、政策展開にはスクラップ・アンド・ビルド方式が不可欠となるのは前述したとおりです。そのとき、住民減少のすすむ自治体では、地価低落もくわわって、急速に税収の自然減、職員人件費の比率増となっていくことにも留意すべきでしょう。

（2）《少子高齢社会》への移行にともない、自治体では、福祉費増は当然ですが、明治以来の学校、幼稚園、保育園など子供むけ中心から、高齢者むけ中心への政策・施設再編が必要となります。だが、そのとき、財政余力は日本の自治体にはすでにないため、都市では保育園はまだまだたりませんが、ひろく余りはじめてきた公立の学校をはじめ諸施設の多目的使用をはじめ、またムダで時代錯誤の「社会教育行政」をかかげる公民館の、市民管理・運営による「地域市民センター」への移行をふくめ、既存の施策・施設の再編こそが必要となります。

この（1）（2）をめぐっては、自治体はすでに借金もおおいため、施策・施設再編にともなう、組織再編ついで職員再編というかたちで、スクラップ・アンド・ビルドをすすめなければならなくなっています。

（3）一九六〇年代前後からつくられはじめたハコモノなどや道路、上水道、下水処理、ゴミ処理などの市民施設・都市装置がほぼ五〇年たつことになって、今後「耐用年数」をこえて老朽化がすすみ、《補強・改築・撤去》に巨費がかかるようになります。『地方公企業法』による病院、交通、水道などをのぞいては、〈財務〉という考え方自体がなかったため「償却・積立」もおこなわれず、各自治体は〈補強・改築・撤去〉の「計画」づくりはもちろん、あらためてその「巨費」を創出する工夫からはじめなければなりません。

以上の（1）、（2）、（3）は構造条件ですが、これに各自治体の個別要因が(a)、(b)としてつけくわわります。

(a)交付税措置がつく旧自治省の地域総合整備事業債などでおどった自治体では、借金がふくらんでいるだけでなく、ハコモノなどのランニング・コストの増大、さらに今日のデフレによる入場料などの収入減もあって、赤字が加速・累積します。くわえて、無責任なかたちで国がおしすめた第三セクター方式に安易にのった自治体などでは、市町村、県を問わず、経営の失敗もあって、いわば死カバネ累々といってよいでしょう。

(b)都市型社会への移行にともなう自治体課題の増大を背景に、その数をふやしてきた各自治体の職員は、今後一斉に高齢化するため、自治体の職員自体が二〇一〇年前後をピークに高齢化し、前述の退職金問題が顕在化します。退職金では、さきがけとなった前述の小金井市のように、平均以上にきびしい自治体があるはずです。

自治体でも、『国家公務員法』とおなじく『地方公務員法』は、今日も基本は時代バナレとなった終身雇用・年功賃金を前提としています。このため、これから先一〇年は自治体の人件費負担が急増するだけでなく、とくに退職金は県単位でプール制をとっている市町村でも破綻がありえます。

［補記　またまた、ケジメのない総務省からの退職手当債、つまり自治体借金制度の新設となった。この退職金問題は、職員年齢構成図をもとに、新たな自治体財務問題として、当初、総務省・自治労いずれ

も関心をもたなかったため、私が最初の問題提起をすることになる。二〇一〇年代ではすでに、職員減はもちろん、市での幹部職員一人あたりの人件費も、自治体の諸負担をすべてくわえて、最近減少しはじめ、ほぼ、給与費平均で年一〇〇〇万円前後から八〇〇万円前後への減少、退職金一人あたり生涯雇用で三〇〇〇万円前後から二八〇〇万円前後への減少など、という数字となっている。」

としますと、自治体財源の拡充には、一般的にみて、(1)自治体増税、あるいは基本としての(2)国の税源の自治体移転が考えうるとしても、さしあたり(1)には市民、また(2)には国の抵抗が強く、いずれも財政再編という国の政治の大改革も必要となるため時間がかかります。緊急には、日々の、「政策財務」による、ムダな政策のスクラップがなければ、必要政策のビルドができないという、ゼロ・サム状況どころかマイナス・サム状況にはいっていることを、日本の各自治体の市民、また長・議員、職員は覚悟したいと思います。中進国型といいますか、財源の自然増をあてにして、自治体が「夢」をみる時代は終っているわけです。

政策財務は、この「夢」をみないためにこそ不可欠となる独自の政策技法領域として、つぎの課題にとりくむことになります。この政策財務の直接課題は、いずれも、国をふくめて緊急の課題で、時間の余裕はすでにありません。

(1)行政会計方式における単式での（大福帳）から、複式・連結への転換
(2)今日の款項目別予算から、政策課題が直接わかる事業別予算への転換
(3)連結財務諸表、とくに累積・連結債務指数の作成・公開
(4)個別施策・事業をめぐる、人件費コミでの原価計算・事業採算の作成・公開

(5)調達・入札方式の公開・改革
(6)市民施設・社会装置の「補強・改築・撤去」の計画策定・技術開発・財源造出
(7)市民行政ないし市民管理の導入による職員行政の縮小

従来型の大福帳方式では、①借金も収入となり、また②特別会計あるいは外郭組織については行政会計に連結されないとき、国会・議会への公開なき、行政専断領域となってしまいます。日本の財務省・総務省の政策水準の低劣性がここでも明確です。この行政会計方式の改革試行は、東京都などでは既に始まっています。

この(1)(2)(3)(4)(5)(6)(7)をめぐる財務改革ないし政策財務の展開によってはじめて、国はもちろん、自治体についても、累積・連結赤字、また時価方式での累積・連結資産をめぐって、自治体政府としての政策・制度構造と問題点が公開され、市民ついで長・議員、また職員、誰にも理解できるようになります（『成熟と洗練』〔19〕）。

4 ミニマムの量充足・質整備

今日では、冷暖房完備でランニング・コストがたかくなっているハコモノなどでのムダヅカイをせず、最後になりがちの下水処理もできあがった自治体では、巨費が新たにかかる政策は、さしあたり、①環境や災害をめぐる急迫課題、あるいは②緊急・不可欠の補修問題・再開発問題などがおきたときにかぎられます。これまで巨額がかかってきたナショナル・ミニマムとしての国基準の量充足はほぼ終わっていくからです。

ここから、自治体の政策構造そのものが、かつて中進国段階でのナショナル・ミニマムの「量充足」をめざす《新開発》型を終えて、［1］巨費のかかる市民施設・社会装置の〈補強・改築・撤去〉にまず重点をおきながら、各自治体がみずからかたちづくるのだが、観光課題をふくめ、［2］緑・文化の美しい地域景観づくり、あるいは［3］活力ある地域経済づくりを基本枠組に、［4］地域個性をもつシビル・ミニマム、つまり《市民福祉》の「質整備」、くわえて［5］災害・震災・原発をめぐる《危機管理》が基本課題となって、先進国段階の《微調整》型への転型となります。以上の中進国型から先進国型への政策構造の転換へのヤリクリが、今日の〈政策財務〉としての自治体財務の緊急性なのです。

もちろん、ムダづかいをして、ランニング・コストや借金ガエシに市民の税金を失っている自治体は破産、つまりかつての「財政再建団体」、今日の「財政再生団体」となり、その自治責任をきびしく問われることになります。自治体の破産では、長・議員の減給・減員、職員の減給・減員だけではなく、とくに、市民も福祉縮小というかたちで、それぞれの自治責任当事者が当然ながら責任を負います。

日本の自治体財源をみるとき、明治国家以来の官治型という制度のつくり方自体に基本の問題があるものの、旧自治省・新総務省がお手盛りする交付税交付金、あるいは各縦割省庁が恣意的に配分する補助金などなどを中心に、財源が国法によって全国最低限を一応保証していますから、個別自治体の「財政力指数」が低くても、絶対的貧困という自治体は日本にはありません。このため、仕事ないし独自の工夫をせず、人件費だけはらっている「居眠り自治体」では、財務指数は「健全」にみえるという、矛盾すらもちます。

現在の財源緊迫のなかで明確になったことは、市町村、県、国を問わず、ムダヅカイは長くつづけられないため、結局、国、県、市町村の各政府課題をめぐって、行政はミニマム以上はできないということです。いわば、個人自治にゆだねる領域はまず基本として市民にゆだね、市民が個人でとりくみえない、(A)市民の生活権保障としての①社会保障、②社会資本、③社会保健、さらに(B)危機管理という各基本課題では、そのミニマム水準のみが公共政策ないし政府政策の課題となり（『日本国憲法』二五条）、このミニマム以上はまた再び、自由な個人選択とならざるをえません。

しかし、シビル・ミニマムは、量充足だけでなく、市民の文化水準がたかくなるにつれて、市民文化の《成熟と洗練》をめざした豊かさ・美しさをもつ〈質整備〉も必要となります。舗装しただけの道路とアーバン・デザインの手法による緑ゆたかな景観をもつ道路とのチガイを想起してください。道路は地域づくりの基幹であるとともに、同時に公共空間として地域景観をかたちづくります。国の画一基準のみの介護と、近隣の市民活動にささえられた自治体の地域個性をもつ介護のちがいもこれです。つまり、生活の質をたかめる自治体主導の〈微調整型〉活動が不可欠の段階となりました。日本の美観を損なう看板の整理・撤去などについては、地域の市民たちの文化水準との相関もあるため、まだ時間がかかると考えます。

だが、日本のナショナル・ミニマム＝国基準設定は、各省庁、またその局課で縦割におこなわれるため、地域特性を無視する縦割・画一の量充足をめざし、いつのまにかマキシマムとなり、今日では土木やハコモノに典型がみられるように、国費のムダヅカイ・バラマキをふやしがちです。ナショナル・ミニマム＝国基準は、その設定には地域特性についてむずかしい問題もありますが、いわば《最低必要基準》の「量充足」を中心にし、地域個性ないし文化水準のゆたかさ、つまり「質整備」は自治体のシビル・ミニマムの課題と、今日ではすべきです。

一九七〇年、八〇年代では、シビル・ミニマム（生活権）設定という私の問題提起、さらに経済高成長による財源増もあって、自治体はシビル・ミニマム計画の策定による、低劣なナショナル・ミニマム＝国基準の底上げをめざしました。二〇〇〇年代ともなれば問題状況は《逆》となり、ナショナル・ミニマムを《最低必要基準》に限定し、自治体のシビル・ミニマムはその地域個性文化をかたちづくる〈質整備〉をめざすとすべきです。ここから、自治体には、地域の歴史・文化・緑、あるいはデザイン・観光をふまえた、市民文化の《成熟と洗練》をめざす「文化戦略」の構築が不可欠です。

くわえて、かつての自治体によるシビル・ミニマムをめぐる公共整備の政策主導性についても、市民、ついで団体・企業の文化水準、政策水準がたかくなり、行政の劣化が露呈しはじめた一九九〇年代以降は、とくに「質」整備の主導性は、国、自治体の行政から市民あるいは団体・企業にうつり、市民、団体・企業との政策ネットワークの形成が行政にとっても不可欠となりました。この市民、団体・企業を主体とするネット・ワークをふまえて、また、自治体、国をとわず、職員機構の縮小もはじまります。当然、不必要で、多額のムダな職員人件費のかかる社会教育の公民館なども廃止し、市民文化活動が自由にできる市民管理・運営、つまり「市民行政」による地域センターに再編すべきです。市民行政が拡大すれば職員行政が縮小するという、反比例の緊張がそこにあります（『成熟と洗練』〔67〕）。

また、今日では、総務省のＩＴをはじめ、種々の専門雑誌などでも、自治体の財務指数が公開されていますが、各自治体の財務指数のでている「決算カード」すら、職員給与実態がでていることもあって、広報やＩＴなどで市民、議員にもいまだ公開していない自治体が、残念ながら数多くあります。

地域における経済・財政・財務については、それゆえ、自治体の(1)情報公開からはじまり、(2)市民参加、団体・企業参加、さらに(3)職員改革が基本になります。エコロジカルな均衡をふまえた、多様な地域産業おこしから美しい環境づくりという政策水準の質上昇、つまり市民とのネットワーク型行政の《文化水準》の高さこそが、地域での人口「社会増」、あるいは地域文化、観光開発、さらには地価維持とむすびついて、恒常的な自治体財源の確保には不可欠です。

かつて長く、「三割自治」という言葉が流行しましたが、そのとき、自治体固有財源は国全体の政府財源の三割でした。この時代は、日本の自治体は自治省からの交付金、各省庁からの補助金などをふくめて、国全体の政府財源の２／３を絶対量としてつかってきたわけですから、先進各国との対比でも、国との財源比率がたかかったことに留意してください。つまり、２／３という国際的にもたかい比率での政府財源を、戦後日本の自治体は実質つかっていたのです。その理由には、軍事費抑制もありましたが、大量の機関委任事務を国が自治体にオシツケていたのも理由でした。

ただし、自治体が「市民・職員参加」を起点とする《自治体総合計画》によって、個性・活力ある地域づくりに主導性を発揮しえないときは、国からの 2／3 によって、自治体の固有財源であるこの1／3を操作できるため、実質は〇割自治に近かったことにも留意する必要があります。

財源の分権化としては、（1）国税をへらして各省庁補助金財源をできるだけ自治体固有財源の「自治体税」に切替えるとともに、（2）「自治体間調整基金」（仮称・現行の交付税財源に相当）を拡大して、その配分権も総務省からとりあげ、市町村、県それぞれによる「自治体間調整基金共同管理委員会」（仮称）にゆだねることが不可欠となります（くわしくは『成熟と洗練』〔25〕）。

［補記　大阪府幹部が考える近年の大阪府・大阪市発の「道州制・都制」論は、大阪府・大阪市をあわせた「大阪都」の巨大借金の、「関西道州」全体つまり関西各県への負担転化という借金マキチラシ、ついで政令市として県ナミの財源をもつ大阪市財源の、大阪府つまり「大阪都」への吸いあげをめざすためと断言してよい。だが、まず大阪府・大阪市はそれぞれのもつ現在の巨大借金を「自主返済」したうえで、その後、必要があればあらためて「道州制」「都制」の議論をすべきである。なお、栗原利美著・米倉克良編『東京都区制度の歴史と課題・都区制度問題の考え方』（二〇一二年、公人の友社）、ならびにその「あとがき」参照。また、道州制が不可能な条件・背景については、拙著『自治体改革＊歴史と対話』〔1〕の（4）「道州制論議のどこが問題か」、二〇一〇年、法政大学出版局、20頁〜27頁参照。］

〔4〕「夢」なき自治体政策への転換

1　新開発から微調整への計画再編

今日の転型期での自治体危機に対応する、以上にみた法務・財務という自治体課題の新フロンティアをふまえて、自治体政策の《戦略発想》としても、

（1）スクラップ・アンド・ビルドの時代の始まり
（2）新開発型から微調整型への政策転換の時代の始まり
（3）職員行政「のみ」から「市民活動」「市民行政」とのネット構築の時代の始まり

にすでにはいっていることを確認すべきだと思います。これが、自治体政策の〈質〉つまり文化水準をめぐる、自治体計画策定の新手法開発という課題とさらにむすびついていきます。

文明軸である《工業化・民主化》をめぐる中進国段階は、人口ないし経済の高成長にともなう

財源の自然増をふまえて、国また自治体が巨大土木技術による新開発の「夢」をみることができる、また巨大インフラ整備という意味でも「夢」が必要という、時代でした。日本の一九六〇年前後からの経済計画あるいは国土計画も、先進国をモデルとする、いわば中進国段階の「夢」、つまり「進歩と発展」への開発計画でした。

当時、日本の《地域開発》には、かつて、アメリカがＴＶＡ、ソ連がドニエプル発電所に託したのと同型の中進国型の夢があったのです。今日、中進国型としての中国が長江巨大ダムに夢を託したのも同型です。日本も戦後、佐久間ダムからはじまりますが、水源・エネルギー開発、ついで農業・工場・住宅の大団地造成、高速道路・新幹線、地下鉄、また空港・港湾・橋梁、ついでレジャーランドやスポーツ施設、文化ホール、美術館などの公共事業ないしビッグ・プロジェクトに、それぞれの時点で夢をみてきました。官僚が下絵をかいた、田中元首相の『日本列島改造論』（一九七二年）が、その考え方のピークをなします。

その後、八〇年代は「ジャパン・アズ・ナンバーワン」とおだてられて、「先進国」になったという錯覚から、日本への幻想が拡大し、「公共事業」を中心に日本全体の政治・行政がバブルの二日酔状態にはいります。このバブル崩壊後の一九九〇年代以降は不況・雇用対策というかたちで、またまた「公共事業」を増幅し、二〇〇〇年ではその見直し論議がはじまったとはいえ、まだ見直しの方向性はでていません。

だが、バブル以前、すでに中進国段階としての地域開発の夢をみる時代は終っていました。省庁やシンクタンクなどがあおった、バブル期の大型リゾート開発あるいは第三セクター方式も、すでに妄想にすぎなかったのです。バブル期を「二日酔」状態とみるのはこのためです。

二〇〇〇年代前後では、国ついで一部の自治体における実質の財務破綻とあいまって、時代錯誤の省庁と族・地元議員、土建産業がむすびついて、ムダにすぎなくなった新開発型の「公共事業」のあり方への批判が、当然たかまります。日本は、いつまでも中進国型の夢を追いつづけたため、経済先進国全体の土建量よりも多いという、いわゆる「土建中毒」という状況におちいって、財政破綻となっていったのです。

[補記　二〇一〇年代になって、自民党長期政権による、(1)世界第三位のGDP二〇〇%という政府超絶巨大借金にくわえ、さらに巨大財源が不可欠となる東日本大震災からの復興・新生、また(2)自民党がつくった「安全神話」の崩壊にともなう原発廃止、これにともなう「終りなき」長期・高コストの核ゴミ処理も課題となる。この二〇〇〇年代の日本の財政現実こそ、いわば政官業学＋マスコミ癒着による自民党長期政権の中進国型政治・行政の「宴のあと」といわざるをえない。いわば、一九五五年以来つづく自民党「官僚内閣制」長期政権のもとで、日本は全体として自民党がくみたてた《自民党史観》にどっぷりつかり、〈自民党ボケ〉におちいっていたのです。だが、せっかく二〇〇九年成立の民主党政権が「土建縮小」をすすめたにもかかわらず、二〇一二年、復活自民党政権のいわゆる「アベノミクス」は、日本銀行の国債買上げによる円安誘導・株価上昇、逆には輸入原料高はもちろん、国債費を急膨張させる長期金利高騰もはじまるかもしれず、また集票拡大のためふたたび国債増発による土建再生への逆行すらみられ、省庁主導による官治・集権型政治・行政に回帰する。だが、同時に〈成長政策〉をめぐり、「規制改革」などで、〈岩盤〉ともいわれる日本の官僚組織をめぐる、たとえば農協再編など「自民党政官業

学既成複合」の解体にとりくまざるをえないという矛盾に、あらためてオチイルことになる。」

かって、「夢」という名の開発幻想が、国、県、市町村各レベルでの政治腐敗、行政硬直、業界利権、さらに集票、献金、談合、また天下りによる、自民党政官業学複合を肥大させて、たえず政府財源過剰バラマキを誘発しながら、既得権をますます固定化して、半世紀五〇年余にわたり「政策転換」を不可能にしていたのでした。その結果、「日本沈没」が現実になるといわれるほどのムダを政府支出が集積し、二〇〇〇年代日本の財政破綻状況をうみだすことになったのです。

二〇〇〇年代では、ビック・プロジェクトという国主導の新開発型から転換して、前述した一八〇〇の市町村、四七の県という自治体主導で（1）財源造出ではスクラップ・アンド・ビルド方式、（2）政策基調では微調整型、（3）政府組織では市民参加ないし市民管理・市民行政による職員行政の縮小・再編への試みがはじまります。この（1）（2）（3）をめぐる、日本の政治・行政、経済・文化の構造転換には、以上のような日本の《転型期》をめぐる構造必然性があり、ここではじめて日本は先進国本来の市民型での《成熟と洗練》の段階に入りうる展望がひらけます。

もちろん、モニュメンタルなプロジェクトの構築・建造もあってよいのですが、今後のプロジェクトは市民ないし企業の政策水準・資本蓄積がたかくなっているため、当然いわゆる「民主導」となります。カネのナイ、あるいは借金ヅケの「官主導」では、もう不可能です。

そのうえ、前述しましたが、今日、全国基準のナショナル・ミニマムについての「量充足」から、地域特性をいかす「質整備」へという、政策転換も市民は問うべきです。ここがまた、市民から「見えない」官治・集権型から、市民から「見える」自治・分権型に政治・行政を変えるという、成熟型転型をめざした、たえざる《政権交代》への期待となります。

〔補記　ようやく二〇〇九年、実質、半世紀余にわたる自民党〈官僚内閣制〉長期政権の劣化をみて、戦後初の《政権交代》としての「民主党政権」が成立し、〈政治主導〉による《国会内閣制》の熟成がめざされた。だが、この民主党政権では、政権担当が実質はじめてのため、政治の《実務性》をめぐる政治未熟の露呈となる。ひろく、日本における政治家の熟成には、今後、日本の市民たちが半世紀にわたる長期政権からくる「自民党ボケ」ないし「自民党史観」を脱却するとともに、「政権交代」のくりかえしによる、各党政治家の市民型政治「実務」訓練が不可欠である。事実、二〇〇九年の政権交代後は、国会議員の政権経験者がこれまでの自民党一党だけでなく、幅ひろくなったため、国会委員会などでの議論はようやくかみあいはじめ、その水準は着実に上昇している《成熟と洗練》〔10・36・49〕。〕

すでに、日本は世界最先端の少子高齢社会にはいりはじめ、就業人口をふくめ、総人口の減少がすすむことになります。工場建設でも国外立地も当然となる反面、日本の社会自体も多国籍化、多文化化して、国際化していきます。自治体でみれば、東京圏をふくめ、政令市、県都ですら長期には人口減小が予測されはじめ、市民をふくめた政策努力が成果をもつごくわずかの自治体をのぞいて、多くの自治体では人口減小が加速します。ことに高成長期に、自治体での人口増加を拡大していたニュータウンでは、人口の高齢化ないしこれにともなう人口流出により、ゴーストタウンとなるきびしさをもちます（本叢書の小口進一著『政策転換への新シナリオ』参照）。

とすれば、国はもちろん、自治体でも当然、このマイナスの「構造変動」という《転型期》に対応しうる政治改革、ついでこれを行政・財政、法務・財務という政策・制度の再編につなげることが緊急となります。今日も移民の多いアメリカをのぞきますが、今後、人口・経済の縮小する先進国型に日本はなるのですが、地域の活力・個性をいかす各自治体の独自責任による、［補記　緊急の防災対策もあって］再開発をふくめた《微調整》型の、しかも生態均衡をめざし、地域史をいかした、デザイン水準のたかい、市民生活ないしシビル・ミニマム（生活権）の質整備、つまり《成熟と洗練》の段階にはいります。このため、縦割省庁主導の《官治・集権》型から、自治体ことに市町村主導、さらに市民主導の《自治・分権》型への、政治・行政、経済・文化全体の《構造改革》が必要となります。

そのうえ、グローバルな先端技術をめざす「巨大科学プロジェクト」は将来ますます拡大しますが、従来型の巨大土木プロジェクトは終わりとなります。今後、〈地域〉では、国からカネをひきだすための土木プロジェクトを自己目的とした《新開発》型ではなく、市町村主導による《微調整》型での、緑・文化中軸の「地域活力づくり」ないし市民文化の《成熟と洗練》にむけての、発想・手法の転換とならざるをえません。

これらの地域づくりの基本は、①文化・情報水準のたかくなった、さまざまの市民活動を起点に、②団体・企業の専門・政策水準がたかまり、資金調達もゆたかになった今日では企業中核で、しかも③慎重な一〇年単位での公開の市民討議のうえでの必要規模に、また④各自治体が参加するにせよ、自治体の長期・総合計画のもとで、マルゴト起債ないし借金ではなく、一定の財源の積みたてができた時点でのみ、という条件づきでおこなわれることになります。

今後すすむ自治体財務水準の「格付け」公開も、旧財政投融資制度の終わりもあって、自治体では資金調達にとって決定的意味をもつようになるでしょう。自治体は過大借金によって財務指数がわるければ、起債ができなくなるのです。さらには、郵便貯金・簡易保険制度の抜本改革もあって、これまでのように、国の第二予算といわれた財投資金をくみこんだ、省庁タテ割行政計画が先行するというような、ビッグ・プロジェクトは、当然終わりとなります。

2 「行政劣化」とパイオニア型市民

国の省庁タテ割行政計画、とくにこれにゴリオシされてまとめられる全国規模の経済計画・国土計画にもとづく、しかも自治体を煽動する中進国型のビッグ・プロジェクトは、二〇〇〇年代、日本が先進国型の都市型社会にはいったかぎり、市民活動からの批判、またその熟度のたかまりもあって、例外はあるとしても、ひろく終わっていく時代になったといわざるをえません。

また、二〇〇〇年前後の今日では、市町村、県ともに、(1)終身雇用・年功賃金による人件費増大、(2)国の景気対策への安易な自治体財源動員による起債累積、また(3)高齢社会への移行にともなう福祉費の増大・自治体税の減収、さらに新しく巨額のかかる(4)市民施設・都市装置の補強・改築・撤去もひかえて、今日ではムダな国の新規公共事業オシツケはもううけられません。一九九〇年代、巨大新開発をめざす中進国型の、国の経済計画・国土計画の役割が終ったことを、その策定担当者クラスの官僚も発言しています。

半世紀にわたる自民党長期政権の政治土台は、地域のムラ＋国の官僚機構を基軸とし、政官業学複合による大型新開発事業を中核に、また自民党議員・省庁官僚による票田開発ないし行政膨脹をめざした、国からのこまごまとした零細補助金のつく個別施策の累積でした。だが、年がたつにつれて、①施策自体の飽和、②施策間の重複、さらに③施策自体の老化もすすんでいき、国、自治体における財政破綻・再建をめぐる「事業評価」とあいまって、スクラップというかたちで、これらの施策があらたに整理されはじめて、自民党長期政権の土台をくずすことになります。

しかし、以上の旧来型政策の再編は、《地域経済》自体の〈縮小〉を意図するのではありません。自治体は、本来、基本として、それぞれの地域特性をもつ地域経済を活性化する独自課題をもちます（本書102頁参照）。だが、この地域経済の活性化についても、今後は国、県、市町村を問わず、その政治・行政は、日本が先進国状態にはいりつつあるため、かつての後・中進国段階におけるような〈先導性〉はもちえません。農業構造改革あるいは都心活性化においても、それぞれの地元にパイオニア型の市民活動ないし団体・企業が登場しないかぎり、補助金などによって市町村、県、また国が支援し、あるいはコンサルタントやシンクタンクがくわわっても、その成果があがらないことを、たえず想起すべきです。

活力ある地域づくりでは、これをめざすパイオニア型の市民や団体・企業がその地域に育ち、連携してはじめて、行政の「支援」なしでも、さらには、行政の「水準」をこえて、いきいきとした地域生活ないし地域経済をかたちづくっていきます。そこでは、パイオニア型の市民活動や団体・企業は、地域間のみならず、地球規模でも、視察・交流などをつみあげていく結果、その発想水準がたかくなり、地域での内発エネルギーを結集していくことに留意したいと思います。

国、県、市町村を問わず、行政機構ではたまたま職場移動によって数年間担当するだけの官僚や行政職員は、タテ割の所管法制にそこそこくわしいとしても、このパイオニア型の市民活動、団体・企業からみれば、たえず職場の変わる〈素人〉にすぎないため、役だたずで、たよりにならないのは当然でしょう。それに法制も変化の速い都市型社会では、日々、時代オクレとなっていきます。行政劣化の理由は、ここにこそあります。

今日、日本における都市型社会の成熟が一般背景としてあり、そこには個人の〈孤立化〉をめぐって固有の社会病理がめだつとしても、市民の文化・情報水準、また団体・企業の専門・政策水準の上昇による、市民活動さらには市民行政の成熟があることを、確認しておくべきです。事実、市民個々人も、各人の職業ないしシゴトにおいて、それぞれ専門家ではありませんか。

［補記　ここで、市民活動さらに市民行政とは、緊急時には行政自体が崩壊するため当然だが、平常時をふくめ、現地での市民みずからが、社会をささえる《原始自治》ないし持続する「基礎行政」をになう市民自治活動をいう。まず、危機時には行政機構ならびに町内会・地区会の崩壊もあって、人命救助、応急手当、食料・飲料水確保、炊き出し、避難所設営、家族さがし、病人・高齢者介護、共同便所設置などが「原始自治」として要請されるが、平常時でも市民活動・市民行政として、防火・防犯、緑化・除雪・清掃、地域市民施設の管理・運営、福祉・文化活動、情報公開・IT操作などがあげられる。市民自身、都市型社会では専門をもち、職業ないしシゴトにおいて、行政職員・官僚個人より水準がたかくなっているからである。

私の若き日、空襲・地震の経験でも数日は、「原始自治」、今日の言葉では市民活動・市民行政がまず被災現地で出発する。とくに都市型社会の今日では、自己完結性をもち、特定活動をする〈自衛隊〉もふくめ、職員行政は市民活動の「補完」である。市民活動について、「豊饒の海」と表現される理由がこれであろう。そのとき、古来、市町村、県、国などの政府は「海」に浮かぶ「舟」で、政治は本来この舟の〈舵取り〉(govern) である。この舟としての政府の「権限・財源」は、市民からの基本法による〈信託〉ないし授権による。]

3 市町村起点の政策模索を

今日の日本では、タテ割省庁からの補助金による各種の施策・施設・装置の「量充足」という「貧しい」中進国段階もほぼ終ったため、市民の政策発想をめぐっては、市民生活条件の「質整備」という新しい段階への飛躍が、地域レベルを起点にもとめられています。そこでは、《市民行政》は自立し、〈職員行政〉はその「補完」といってよいでしょう。当然、自治体の政策づくりは、《二〇〇〇年分権改革》以前のような、国のタテ割省庁からの通達・補助金によるオシツケではなく、情報公開をふまえて、市民が地域ヨコひろがりに参加する《自治体計画》(『成熟と洗練』(25)) を基本とする、市町村、県、つまり各自治体の独自責任となります。

今日の都市型社会の成熟期では、所管省の相互対立と過剰規制、既得権団体の横槍、また個別自治体の政策無責任からくる、「こども施設」「高年齢者施設」の設置不足、あるいは今後、急速・

大量にふえる空屋対策（空屋は二〇一〇年で八〇〇万戸と推計）など「負」の典型をのぞいて、ナショナル・ミニマムの量充足をみつつあります。

今日のところ、「所得格差」の拡大がすすむとはいえ、市民自体は、かつてナイナイづくしだった一九六〇年代から八〇年代にかけての都市型社会への移行期にみられたモノトリ型の発想をすでに終え、緑ゆたかで、かつ文化水準のたかい、質中心の生活条件・地域特性の構築にむかいはじめています。当然、この地域づくりでは「生態均衡」をたもつ資源循環をめざすだけでなく、「地域史」「デザイン」をいかす自治体独自の、より高水準での政策・制度開発が不可欠となってきました。《緑》といわれるのは、この市民文化の《成熟と洗練》をめざす課題を「総称」しています（『成熟と洗練』〔32・61〕）。

もちろん、都市型社会の成熟をみるとはいえ、日本の国土の七割は山地です。山地では、人口の過疎化、さらに林野庁行政の失敗とあいまって、森林も荒れつつあります。また、御承知のように、セメントによる公共事業での治山・治水では、これを解決できません。それゆえ、ここでも、市町村レベルからの微調整型をとる、環境の質整備が緊急となってきました。

これまで、国の省庁政策は、通達・補助金、ついで起債とむすびつく、〈国法の執行〉という官治・集権型のカタチをとって、国→県→市町村と降りてきたため（**図3**・74頁）、①全国画一、②省庁縦割、③時代錯誤という政策水準にとどまってきました。今後は方向を逆にして、市民を起点とし、市町村、県ついで国が順次、補完するという自治・分権型のカタチになるため、個性ある地域環境・地域経済・地域文化への政策模索が、まずもとめられます。ここがまた、〈自治・分権〉

をめざした《二〇〇〇年分権改革》の課題でもあったのです。

　都市型社会では、ひろく、市民の文化・情報水準、団体・企業の専門・政策水準は、市町村、県、国を問わず行政職員ないし官僚、あるいは学者、さらには政治家の水準を上まわっていきます。しかも、「公共政策」は市民活動また団体・企業がみずから〈市民行政〉、〈団体・企業行政〉として策定・推進するとともに、市町村、県、国の「政府政策」も市民活動また団体・企業も分担します。市町村、県、国の職員ないし官僚は、いわば所属行政機構の縦割権限・財源を運用する専門家にすぎないため、実務では市民活動、団体・企業のノウハウないしネットワークに依存するとともに、市民活動、団体・企業はみずからも公共政策を創出・実現します。

図３　政策循環模型

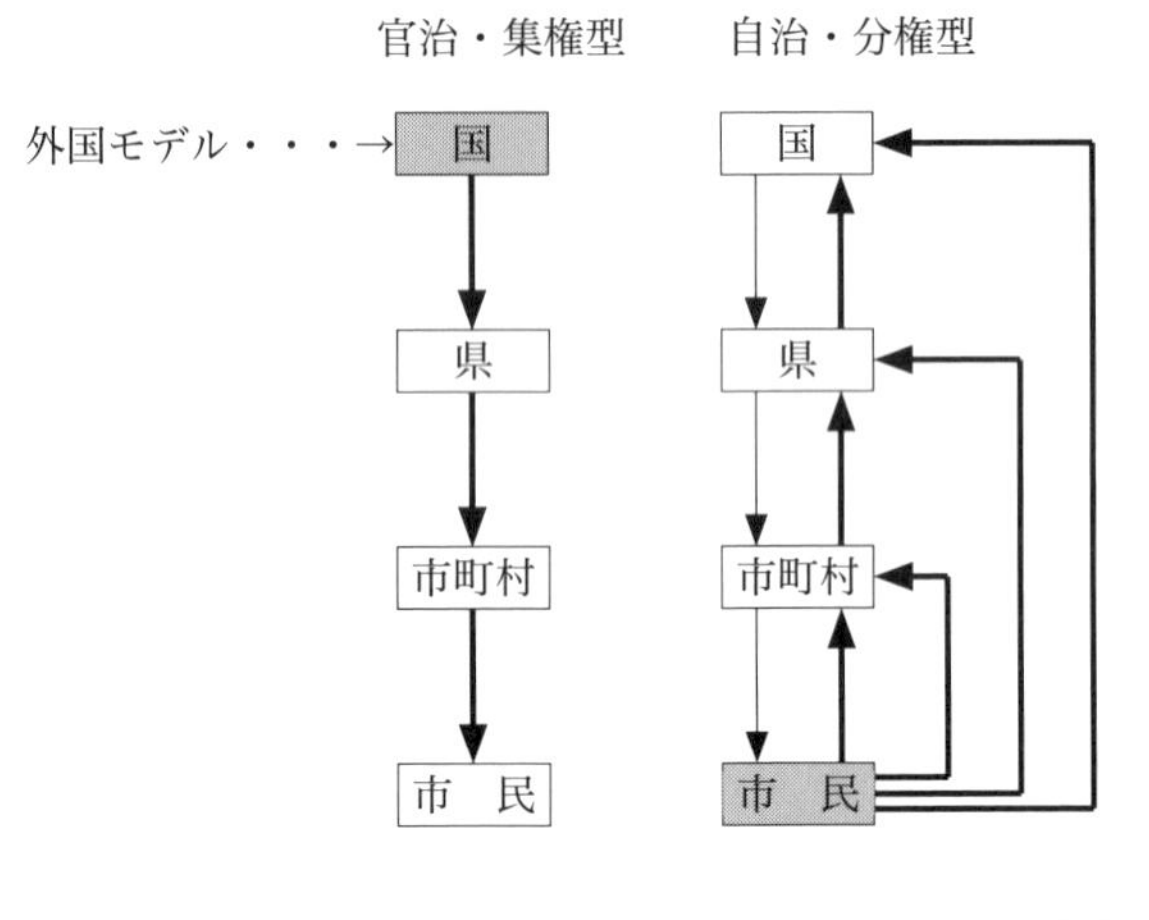

　このような緊張ないし関係は、情報公開、またＩＴ革命がさらにおしすすめるでしょう。この市民活動、また団体・企業の活動水準の先進性との対比では、今後、たえず時代オクレとなる、市町村、県、国の「行政機構」の

運用・再編を官僚、職員がいまだに、みずから提起できないため、この改革課題こそは〈政治家〉の政治責任として、きびしく問われます。

行政についてみれば、市民あるいは団体・企業との関係では、かつては「保護・育成」、また最近では「支援・協働」という〈行政用語〉が行政のなかで流行していましたが、このような時代は終わっています。行政が市民を教育するという社会教育・生涯学習行政も終わりとなり、市民文化活動は行政による「保護・育成」ないし最近の「支援・協働」からも、〈自立〉していくではありませんか（『成熟と洗練』〔67〕）。官治・集権を自治・分権にきりかえる「規制改革」の基本論点もここにあります。

〈現代〉では、地域規模から地球規模まで、ひろく市民活動、また団体・企業が、いわゆる多元・重層の《市民社会》というかたちで「自立」しはじめ、みずから公共政策を構築し、みずからも推進・実現していきます。私が「国家」観念の崩壊、さらには既成の「政治」の未熟、「行政」の劣化というのは、この事態をさします。

市町村、県、国の政府間でも、**図3**の「自治・分権型」のように、〈現場〉をもつ自治体の政策づくりないし条例制定を、国の省庁が吸いあげて、国法というかたちでの制度化するという先進国型の流れが、一九六〇年代からの〈市民活動〉の出発・展開、これに支援される「革新・先駆自治体」の登場以来、日本でもできあがってきました。**図3**の「官治・集権型」のように、後進国の省庁官僚が先進外国をモデルとして、市民ないし団体・企業にたいして先導性をもつという、明治以来つづいた国家観念ないし官僚統治への崇拝という、日本の後・中進国段階は終わったのです。

［補記　想起したいのは、今日も原子力ゴミをめぐる「最終」処理の技術・見通しもないにもかかわらず、無責任にも原発は、**図3**の「官治・集権型」での、自民党政官業学複合を推力とした出発であった。だが、3・11フクシマ以降は、電力をめぐる政治の方向も完全に逆転し、再生可能な自然エネルギーが中心となる、**図3**の「自治・分権型」に変わっていく（『成熟と洗練〔66〕』）。この《変化》は都市型社会が成熟した二〇〇〇年代の今日、すでに日本の政治における一般状況となっているとみたい。二〇一二年、小選挙区制のオセロ効果で大量議席をえた安倍自民党復活政権では、かつての、①〈官治・集権〉型つまり官僚内閣制への逆行、ついで②公共事業復活による借金財政の再加速、③さらには戦前系譜の、「憲法改正」原理主義をはじめ《オールド・ライト》への回帰もめだつが、「アベノミックス」についてマスコミのハシャギスギとは異次元の、深層をみたい。日本の政治・行政、経済・文化はすでに、**図3**にみる《自治・分権》型への転型期にむかいつつある。］

時代錯誤の日本の国法あるいは官僚法学、講壇法学からは「脱法」「違法」にすらみえた、公害から介護まで、市民活動を背景にもつ、かつての革新・先駆自治体による、既成法をのりこえる「権限なき行政」、つまり、**図3**の「自治・分権型」の原型となる、市民主導ついで自治体主導の政策づくりが、一九六〇年代以降、日本でもはじまっています。その後も、権限をもつ国の省庁が無能のため、「権限なき」市町村による情報公開、景観造成などでの条例先導、さらには公害や食品への規制改革もすすみました。

一九六〇年代以降、都市型社会をめぐる福祉（社会保障）、基盤（社会資本）、環境（社会保健）

のナショナル・ミニマム＝国法をこえて、私のいう《シビル・ミニマム》＝条例による新しい政策整備では、当然ながら、省庁官僚にたいして、《市民活動》ないし市町村が先導性をもっていたことを、「歴史事実」として強調しておきます（『成熟と洗練』（77））。なお、私のシビル・ミニマムの提起は当初から、自治体、国をとわず、政策・制度の「数量」基準策定にたいして、決定的寄与となっています。

たしかに、一九六〇年代からは、市民活動・市民参加によって、いまだ少数とはいえ、市町村という基礎自治体が、国と対比して最先端の政策開発をおしすすめるという時代になってきました。ただ、県は今日いまだに、市町村からみても、国からみても、無責任な中二階で、しかも戦前と同型の官僚出向、また官僚出身知事も多いという、国の威をかりるナサケナイ位置にありますが、将来は「基礎自治体」たる市町村の補完を独自課題とする「広域自治体」というあるべきカタチに、みずからを位置づけなおすはずです。

とくに、一九九〇年代から露呈したのは、これまで絶対・無謬の国家エリートとみなされた省庁官僚の水準劣化でした。二〇〇〇年代にはいると、テレビ、新聞にも「組織としての官僚はダメだ」というような言葉が公然ととびかうようになっています。今日の先端課題にこたええないその政策・制度水準の劣化は、汚職ないし公金乱費、地方支分部局あるいは外郭組織の濫造、また天下りをふくめて、市民誰の目にもあきらかです。

明治以来の「国家」観念、あるいは古来の〈オカミ〉という名で、省庁官僚を聖化する時代は終わっています。情報公開もあって、官僚の匿名性も順次終っていき、官僚一人ひとりも、政治家とおなじく、その力量・品性をようやく個別に問われる時代になってきました。

今日、各自治体も「政府」として、国の省庁から自立し、地域特性をもつ政策・制度開発の模索・試行をおこなうのは、当然の課題となっています。《二〇〇〇年分権改革》によって、機関委任事務方式が廃止となる理由です。すでに、自治体職員はその学歴水準も高くなっただけでなく、一九六〇年代からは市民活動によってきたえられてきました。その結果、本書〔2〕〔3〕章でみた法務・財務にはいまだ未熟ですが、ようやく、ひろく政策・制度開発に習熟しつつあります。「二〇〇〇年分権改革」は、法制度としては、「先駆自治体」の成果の追認であるとともに、また「居眠り自治体」にたいしては警鐘でもあったのです。

4 政策開発の自治体間交流へ

今後、市町村、県という自治体が模索すべき微調整型の独自政策は、かつての「国法の執行」ではなく、それこそ、地域の市民活動ついで団体・企業の活力ないしネットワークをふまえて、「地域」での既存の〈政策資源〉、つまり人材はもちろん技術・情報、施設・装置、また風土・歴史・景観、さらには「政府」としての権限・財源（マイナスの借金もふくむ）などの《再活性化》をめざします。一九八〇年代以降、日本が都市型社会という先進国段階にはいりはじめたかぎり、日本の後進国から中進国への〈近代化〉段階では一応は必要でもあったのですが、この〈近代化〉にむけてのかつてのタテ割省庁中軸の「国法の執行」という時代は終わりとなったのです。

日本の今日における、《先進国》状況への移行をめぐっての、既存政策資源の再活性化では、当然、「国家」からではなく、「地域」における〈現場〉の独自情報の整理・公開からの出発になります。つまり、〈政策情報〉としての

①争点情報　市民ないしその生活条件をめぐる課題情報
②基礎情報　政策統計、指標地図、歴史・文化情報、また法務・財務情報
③専門情報　個別施策の設計・開発をめぐる個別科学などの技術情報

の整理・公開が不可欠となります。もちろん、この〈政策情報〉は地域、国、地球というレベルのちがいによる、それぞれ異なる特性と課題をもつことに注目すべきです。つまり、地域、国、地球の各レベルでは、それぞれ地図の縮尺がちがうように、情報の構造もちがいます。このとき、自治体の政策・制度の模索をめぐっては、環境問題に典型がみられるように、基本の地域情報だけでなく、ひろく国の情報、国際情報もそれぞれ不可欠となります。情報は、地域特性については「多元」、政策・制度ないし政治については「重層」という構造をもちます。

まず、独自性をもつ地域情報なくして、地域政策ないし自治体政策はつくれません。これまで自治体は、「機関委任事務」方式を基幹に、国の省庁の通達・補助金を現場にあてはめるだけのモグラタタキ行政、つまり「国法の執行」にとどまったため、市民生活をめぐって地域での政策・制度の開発・策定に不可欠である地域情報の収集・整理、作成・公開の必要を、各自治体の長・議員また職員、それにモノトリにとどまる市民、ついで政党すらも考えていなかったのです。

〔補記　二〇〇〇年代ではＩＴに変わったため広くひろがったといえるが、まだ印刷地図時代の一九七三

年、日本で最初に地域情報地図集を公開・公刊したのが、武蔵野市の『地域生活環境指標地図』である」。

他方、国の情報、また政策・制度は、①全国画一、②省庁縦割、③時代錯誤という構造欠陥をもつかぎり、自治体は逆に、①地域個性、②地域総合、③地域試行という特性をいかして、政策・制度を地域独自に策定・実現していくため、地域情報の収集・整理、作成・公開は不可欠となっています。ここからも、《二〇〇〇年分権改革》による、官治・集権トリックとしての「機関委任事務」方式の廃止は構造必然性をもっていました。

自治体レベルでの地域個性をもつ政策・制度開発にあたっては、また、無から有をただちにうみだすことはできません。政策・制度づくりにとりくんだことのある人ならば、一人で苦悩してうなっていても、無から有を生みだすかたちで、政策・制度案をつくりえないことを痛感しておられるでしょう。

地域ないし市民生活のなかに解決すべき問題がでてきたとき、これまで、市町村職員はタテに県や省庁に「お伺い」をたてていました。だが、今日では、基本は地域課題の発見にあり、その解決にはまず、それにとりくむ地域当事者としての《市民活動》（NPO・NGOをふくむ）ないし〈市民行政〉からの出発となります。市民活動も「公共政策」をかたちづくり、その実現にむけ〈市民行政〉をにない、また市町村・県、国、国際機構の「政府政策」に参画・分担します。同時に国内・国外の市民活動・市民行政間、また市町村間、県間、国間のヨコの交流、とくに、国境をもこえた事例の調査・研究等をふくめて、相互にヨコに学びあっていくことが必要となっています。国際機構では、この交流についての調整も課題となります。

国の省庁でも、市民活動・市民行政、ついで市町村、県からも、学ぶシクミをいかにつくるかが課題となっています。今日、新しくは情報公開・介護制度から、かつての地域緑化・環境制御まで、こうした先端領域では、省庁は**図3**右側（本書74頁）にみるように、自治体の政策開発を集約して、ようやく国の政策・制度をつくってきました。しかも、今日、市民活動、自治体からみるとき、省庁が見直しあるいは造出すべき国レベルの政策課題は山積しています。一九六〇年代以降、国の省庁官僚は革新・先駆自治体から学んできていたのです。《二〇〇〇年分権改革》をめざした『地方自治法』大改正も、一九六〇年代以降の市民活動、あるいは革新・先駆自治体から四〇年、学んだうえでの自治・分権改革だったのです。

刊行物はもちろん、シンポジウムや学会などをふくめ、国の省庁から自立した、市民活動間、自治体職員間、ないし自治体間などのヨコのコミュニケーションのチャンスも、今日、国境の内外であふれてきました。そのとき、情報交流としては、ひろく地球規模にひろがるＩＴ革命への対応も不可欠となります

このようなヨコのつながりのはじまりは、機関委任事務のトリックで権限・財源を集中してきた国の省庁からタテにおりる国法ないし通達しかなかった一九六〇年代までからみれば、画期的な一八〇度の変化です（**図3**・本書74頁を想起）。従来、市町村や県の職員は職場というコップのなかに閉じこもって、国の省庁によるタテ割所管の国法による通達・補助金への依存を〈行政〉と考えていたのです。だが、今日では、この市民間、また職員間、議員間、首長間をふくめ、自治体間での地域・全国・国際各レベルでのヨコの交流によってこそ、自治体は政策・制度開発が

できることになります。

個別の政策・制度づくりでは、各自治体で設置されるプロジェクト・チーム相互の交流で、A市方式のプラス・マイナス、B町方式のプラス・マイナス、C村方式のプラス・マイナス、あるいはD県方式のプラス・マイナスを、自治体間それぞれで比較検討すれば、ほぼ、わが自治体の政策づくりの方向が決まってくるではありませんか。このような自治体間交流を背景に、市町村が変われば、県も変わり、ついで国の省庁も加速度がついて変わります。

一九六三年以来、国の省庁を変えていった「革新自治体」から今日の「先駆自治体」までの経験によって、この政策・制度開発における自治体間交流の不可欠性は証明ずみです。革新自治体の成果については、『資料・革新自治体』(松下圭一、鳴海正泰、神原勝、大矢野修編、正一九九〇年・続一九九八年、日本評論社)を参照ください。二〇〇〇年代の自治体における全政策領域が、そこには、すでに、萌芽状態ですが、ほぼ出揃っています。

図3(本書74頁)の官治・集権型のように、国の省庁の政策・制度づくりの発生源は、明治からほぼ一九六〇年代までは、欧米の先進国をモデルをツマミグイしていました。だが、一九六〇年代以降、政策発生源は日本の無数の市民活動・市民行政をはじめ、自治・分権型の各市町村、各県もくわわります。つまり、政策発生源が国一点から日本全域へと多元・重層化してきました。この北海道土曜講座でも、多様な自治体間交流がくみこまれているのもこのためです。

そのうえ、私たちの世代がおしすすめたのですが、今日では、自治体学会、公共政策学会などをはじめ、自治体職員が直接に参加する学会やシンポジウムがふえています。これも自治体間交流のチャンスの拡大です。また、都市デザイン、政策法務・政策財務、環境制御、福祉・文化また防災など、先端政策各領域での全国専門交流も自治体職員レベルで数多くはじまっています。自治体職員も現場をふまえた論文、著作を数多く書き、自己の経験・思考をＩＴをふくめて交流しはじめ、これも自治体間のヨコの交流となってきました。『ＥＵ地方自治憲章』は国境を越えた自治体間交流・連合を想定しており、国連の『世界地方自治憲章』（案）の策定もその画期となっています。

自治体における政策・制度づくりでは、コンサルタントないしシンクタンクから意見を「聞く」のもよいのですが、留意すべきは、計画原案作成の「丸ナゲ」は絶対にやめることです。長の「職員不信」からきているこの外部委託という丸ナゲ方式については、議員も議会で必らずチェックして廃止をめざすべきです。シンクタンクなどは、いくつかに類型化してつくったモデル政策・計画を、自治体の名だけ変えてもちこむところもありますから、役にたたないだけでなく、これを続けるならばその自治体の職員は政策・制度開発にいつまでも熟達できません。

シンクタンクに高い委託料をはらうくらいなら、そのコストを職員プロジェクト・チームの調査費、視察費、あるいはひろく研究費、研修費にあてれば、職員水準は急速にたかまります。情報はスグ古くなりますが、政策・制度開発の経験ないし知慧の蓄積ないし熟度こそが、職員の水準をたかめます。

しかも、〈現場〉についての土地カンがなければ、政策・制度をつくれません。バブル期、不たしかな規模・水準でのリゾート開発などにみられたように、シンクタンクなどへの丸ナゲ外注のおおくは、大赤字で失敗に終わってきました。身の丈つまり地域特性にあうとともに、各自治体が独自に〈予測・調整〉かつ〈組織・制御〉に責任をもつ、政策・制度開発こそが必要だったのです。そのうえ、外注ではなく、自治体みずから失敗したならば、必らずその失敗はつぎに生かせるではありませんか。

自治体職員は、明治以来、官僚法学、講壇法学によって、「行政とは国法の執行だ」と教え込まれ、国の通達・補助金依存を背景とした、書記型あるいは技術型の職務にとどまってきました。だが、今日では、書記型職務はITにうつり、技術型職務も外部化されて、職員の急激な課題変化がおこっています。明治国家からの「既成職員」のシゴトがなくなってしまうのです。

このため、庁内外の既成政策資源のたえざる「再活性化」をめざして、政策・制度の設計を担当する「プランナー型」、あるいはその実現を地域でおしすすめる「プロデューサー型」へと、自治体職員もみずから変わらざるをえません。そのうえ、政策・制度実現には、前述の《法務・財務》技術が不可欠となります（**図4**・本書92頁）。このような職員自体の変化のなかでこそ、職員ははじめて市民活動間のネットワークづくりに「対応」できることになります。この次元でも、職員は明治以来の官治・集権発想についての転型期という《危機》を、今日むかえています。

とくに、《現代》の普遍文明軸である「工業化・民主化」の成熟にふさわしい、《都市型社会》での市民の誇りとなる生活様式、つまりその市民型《成熟と洗練》の造出には、地域個性をつくりだす「微調整型」、つまり地域の市民生活をめぐる《政策・制度型思考》の熟成が、各自治体の市民、また長・議員、職員それぞれに不可欠と強調しておきます。

〔5〕 政策づくりの手法開発

1 市民の生活思考を回復

では、政策とは何かが最後の論点となります。通常、いわれているように、それは「問題解決の手法」です。だが、思考の地平線は次にあります。

私たち市民は、日々あるいは時々刻々と直面する問題の解決をめざして、日常として政策づくりをおこなっています。政策づくりはむずかしいことではなく、いわば日常の生活における私たち市民の考え方、あるいは思考の一形態です。それも、生活様式が慣行できまっている農村型社会と異なり、都市型社会では次から次へと多様な問題が続出し、その《問題解決》にも選択肢が多様になってきたため、政治家、官僚だけでなく、市民誰もが《政策型思考》に習熟していくことになります。

サークルでのピクニックにどこへいくか、また、このとき、そこにどうしていくか。電車にのるか、バスかドライヴか。歩くときはどのコースをたどるか。これらは複数の選択肢をともなう政策選択であり、最後にはサークルの仲間での相互調整による合意という、政策決定となります。わが家で夕食をつくるとき、また、家族と外食するとき何にするか、なかでもハンバーグかカレーか。とくに子供にとっては非常にむずかしい、かつ重大な政策選択であり、決定にあたっての家族の合意をうるための調整も困難です。

この事態は、地域慣習が日々、あるいは季節ごとに定型化しているため、選択肢の少なかった農村型社会とは異なっています。都市型社会では、私たち市民は地域規模から地球規模までをふくめて、政策をいわば日々、あるいは時々刻々と、生活ついで職業、また余暇のなかで、模索・決定しています。

ただ、自治体をふくめ、各政府レベルでの〈公共政策〉の市民による提起、とくに「政府政策」の決定・実現は、その「影響の範囲」が大きいため、関連する《制度》をめぐる「組織・制御」、《政策》における「予測・調整」のシクミが「定型化」され、当事者の熟度と責任が、世論をめぐってあらためて問われるところが、市民相互間とは異なるだけです。

だが、問題解決をめぐる日常の、私たち市民個人の〈微分型〉の政策模索・決定は、自治体、国、国際機構の各レベルでの〈積分型〉の政府政策の模索・決定のなかでもくりかえされています。私たち市民は、各政府レベルの政治家あるいは行政職員とは、官僚をふくめて、異なる人間ではなく、同型の思考をしています。かつて、絶対・無謬という国家観念の権威性を軸に、国レベルでは「国家統治」とか「国家理性」「国家利益」というような、ギラギラする「無用な」言葉がつくられ、今日いまだにつかう人たちもいますが、これらの言葉は国の政府中核の政策決定を実体化し、神秘化していただけでした。

今日の日本をみるとき、とくにバブルをめぐる政策失敗によるながいデフレがひきおこした、国、自治体の財政・財務破綻の解決について、市民福祉の再構築をふくめてそのプログラムがいまだ描けず、マスコミがたえず空騒ぎしていることが問われるべきです。二〇〇〇年代の日本では、国レベルの政治家ついで官僚における、政策・制度型思考の未熟が露呈しています。

この未熟については、「絶対・無謬」の国家観念、あるいは「国法の執行」という国家神話が、明治以来、日本の国レベルの政治家、官僚に硬着して、この政治家、官僚が《都市型社会》への移行にともなうダイナミックな状況変化に対応できていないところに、問題の核心ないしその危機事態があるというべきでしょう。空虚で、すでに現実性をうしなった国家観念をいまだに想定した官治・集権型の官僚発想がはびこり、政治家の多くも劣化した「官僚内閣制」に寄生して、クチキキをする「政治屋」になっています。

この官治・集権型の思考習性は、自治体レベルでは、国、実質は省庁縦割の法令ないし通達・補助金を、地域での個別争点に適用するだけという、前述のモグラタタキ行政となっていました。つまり、機関委任事務のトリックを「ふまえて」、国の官僚思考を絶対・無謬の官僚秘術だと、マスコミや学校教育をふくめて教えこんできたからこそ、県や市町村の職員は行政とは国の法令ないし通達を着実に適用するだけでヨイとみなし、不幸にも地域独自の問題解決の手法、いいなおせば県または市町村のレベルでの独自政策・制度の模索・決定を「考えてはいけない」、いわばロボット職員になってしまいました。

官僚もこの官治・集権のシクミにのって、国レベルでの新しい争点の発見、ついでその解決をめぐる政策・制度の新開発をたえず先オクリし、既得権依存となるナマケモノになってしまったというべきでしょう。これが《日本沈没》という、二〇〇〇年代の現実です。

［補記　この政治状況・行政現実が二〇一一年三月一一日、あらためて、東日本大震災とくにフクシマ原発をめぐって露呈する。『成熟と洗練』〔9・14・53・64・71〕］

以上の事態は、くりかえしますが、日本での行政とは「国法の執行」だという、言葉の文脈の今日的「帰結」です。政治家をふくめて官僚、職員は、国レベル、自治体レベルともに、さらには大企業経営者すらも官僚発想となり、状況変化への「予測・調整」をふまえた、政策・制度の「組織・制御」という、市民の〈社会工学〉という《政治》が自立できないのです。《政治》が時折自立しているようにみえるときも、記者クラブ内での世間シラズの若い記者たちのデマゴギーにとどまります。（『成熟と洗練』〔57・58・66・73〕）

都市型社会が成熟した結果、今日では、多様な政治の可能性を模索する市民活動が〈多元・重層〉型に群生するのみならず、とくに市町村、県、また国、あるいは国際機構の政策選択肢の幅がそれぞれ拡大するとともに、解決すべき政治・行政課題の変化するスピードも早くなるため、国法はたえず時代錯誤となり、絶対・無謬という国家神話もくずれさっていきます。それどころか、明治憲法以来、日本の後・中進国型「官僚内閣制」についても、市民の文化・情報水準が高くなっていくため、日本の政治家の政治熟度をたかめながら、《政治主導》をおしすすめる「国会内閣制」への移行が、今日ようやく不可避と理解されはじめました。

官僚内閣制は、明治以降、いまだ日本の市民の文化水準が低く、また外国モデル導入という、《近代化》の過渡段階としての〈後進国〉状況では、必要とされたシクミでした（**図3**・本書74頁の官治・集権型参照）。〈中進国〉状況の戦後でも先進外国モデル導入という課題をもつ、この官僚内閣制とくに官僚組織は、省庁に寄生する政治家の族議員化・地元議員化、つまり口利きの加速とあいまって、その時代錯誤性も急速にすすんでいきます。

だが、官僚自体はとくに「高度成長期」での、「日本の官僚は優秀」という、中進国型「成功体験」におぼれて、「二日酔」状態となります。ここから、バブルがはじけたのち、日本は「第二の敗戦」といわれるほどの挫折にはおいこまれるのです。

事実、戦後、半世紀余つづく自民党長期政権では、この官僚内閣制の構造矛盾が二〇〇〇年前後から噴出してきました。日本は一時、アメリカにつぐGDP世界第二位の経済大国になったとはいえ、一九八〇年代以降の「日本大国」論とは、官僚演出による戦後版白昼夢でした。「日本神国」論をかかげた戦前と同じアヤマチを、二度くりかえしたといえるでしょう。

二一世紀は「日本の世紀」とのべた評論家・学者たちも、当時これらの官僚とむすんで「二日酔」症状だったといえます。この論者たちは実は、近未来のアジアの可能性を無視するとともに、日本の中進国状況を先進国状況と錯覚していたのです。

図3（本書74頁）でみたように、かつて日本の後・中進国段階での「官僚内閣制」をめぐって、

近代化の推進力にみえた《官治・集権》型の官僚組織は、今日では劣化がめだち、みずから《先進国》型の〈自治・分権〉政治から出発する「国会内閣制」への《自己革新》を構想・提起できないまま停滞して、既得権保持が自己目的となっているのが現状です。二〇〇〇年前後から、〈分権改革〉をはじめ〈国会・内閣改革〉、〈省庁再編〉、くわえて〈公務員法改革〉という、国の法制大改革がめざされはじめますが、官僚の逆行性抵抗もさらに強くなっています（拙著『国会内閣制の基礎理論・松下圭一法学論集』二〇〇九年、岩波書店参照）。

《二〇〇〇年分権改革》では、国法を全国政策・制度基準として尊重しながらも、各市町村、各県がハッキリ「国法」基準をこえて、「上乗せ、横出し」方式をとるかたちで、「条例」による各自治体独自の政策・制度開発をめざし、《自治・分権型》政治・行政への格段の新出発となっていくはずでした。だが、省庁官僚の既得権擁護にともなう抵抗ですすみません。

一九六〇年代からはじまったのですが、この意味での、日本の《分権化》は、日本の《国際化》とあいまって、文化水準のたかくなった通常の市民がもつ、生活活力・自治発想の熟成からの出発といまだなりえていないため、停滞状況です。

2　政策・制度づくりに習熟する

では、自治体機構において、国の官僚にもあてはまりますが、職員が政策・制度改革に習熟するにはどうしたらよいのでしょうか。その基本は、まず自治体職員層による《市民型政策活動》

の出発にあります。

（1）庁内に十数人単位の自主研究サークルが多様にうまれ、各サークルが勤務時間外、つまり市民型の「自由時間」のなかで、自発的に月一回ぐらいの会合をひらき、「わが」自治体あるいは「日本」の自治体の問題解決にむけてのアクチュアルな討議をしていく「状況」の造出が不可欠です。日常の定型的職務をふまえ、かつこれに埋没することなく、多様な自治体課題の解決手法をシミュレーションし、市民を起点とする《個別施策》を模索しながら、その独自の設計ないし討議をこころみ、職員自体が、まず政策・制度型思考に習熟することです。

（2）各自治体の政策・制度開発には、今日ではつねに、**図4**（本書92頁）にみる特定政策領域の《中間課題計画》ないし「中間地域計画」の策定を必要とするため、緊急性の順で担当部課に、長任命で庁内の多様な人材を短期間あつめた、プロジェクト・チームを発足させることが必要となります。担当部だけでは、いわゆるタテ割行政の改革はできません。そのとき、期限を一カ月から三カ月とし、庁内情報の整理・公開はもちろん、調査費、視察費もつけます。締切期限が半年以上では、チーム自体が間のびしてしまいます。このチームには、当然、種々の「市民参加」もくみこむべきでしょう。

（3）自治体《総合計画》の策定には、市民参加・職員参加手続が基本です。これを担当する企画課は、従来のような閉鎖集団にはせず、係ないし課のレベルで政策・制度開発のできる職員が二年ほど、「わが」自治体の多様な政策情報に接し、その全体構造・課題一覧を理解するために配属されるヒロバとします。当人たちの政策・制度型思考は急速に熟成します。

図４　自治体政策の構造

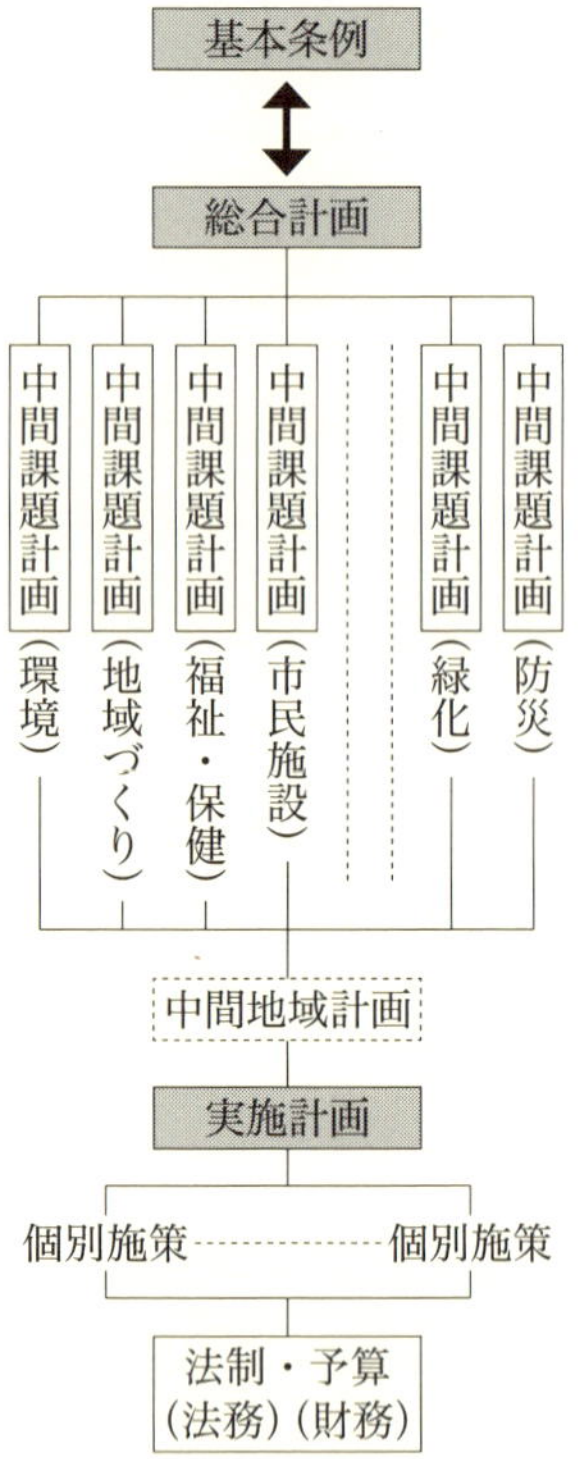

(1)の個別政策・制度開発自体は、（２）中間課題・地域計画、（３）自治体総合計画との連携で、各担当部課レベルですすめます。しかも、長・議会がしっかりしているならば、それこそ「企画集権」は不必要で、職員参加としての、いわば「企画分権」こそが要請されます。

以上の（１）（２）（３）のようなかたちで、庁内での企画分権が「職員参加」の拡大としても不可欠です。とくに規模のおおきい県や市では、旧来型の企画系職員は〈現場〉からはなれているため閉鎖・特権化がいちじるしく、市民生活の《現場》のなかで、**図４**にみる個別施策、中間課題・地域計画はもちろん、さらには総合計画を策定する能力も失っています。いわば、職員組織全体の改革が、そこでは不可避なのです。

３　「政策型思考」の特性と論理

政策とは、問題—解決のスジミチをつくりだす手法です。まず、起点として、「問題」をとらえる〈現場感覚〉、同時に《市民性》からの出発となります。しかも、政策はそれ自体としては、この《問題—解決》を《目的—手段》の関係におきなおした「作文」にすぎません。この作文にすぎない政策が実効性をもつには、長・議会をふまえて、法制化（権限レベル↓法務）と予算化（財源レベル↓財務）をともなうかたちで、《制度化》されなければなりません。その展開が**図4**、また**図5**①です。このため、私はつねに政策と制度とをむすびつけて考えます。

問題つまり現実の争点は多様かつ無限大ですから、これらの問題・争点をまず「類型化」つまりタイプ分けすることが必要です。ついで、この類型化された特定の問題・争点を、政策の〈課

図5　政策の三角模型（再掲）

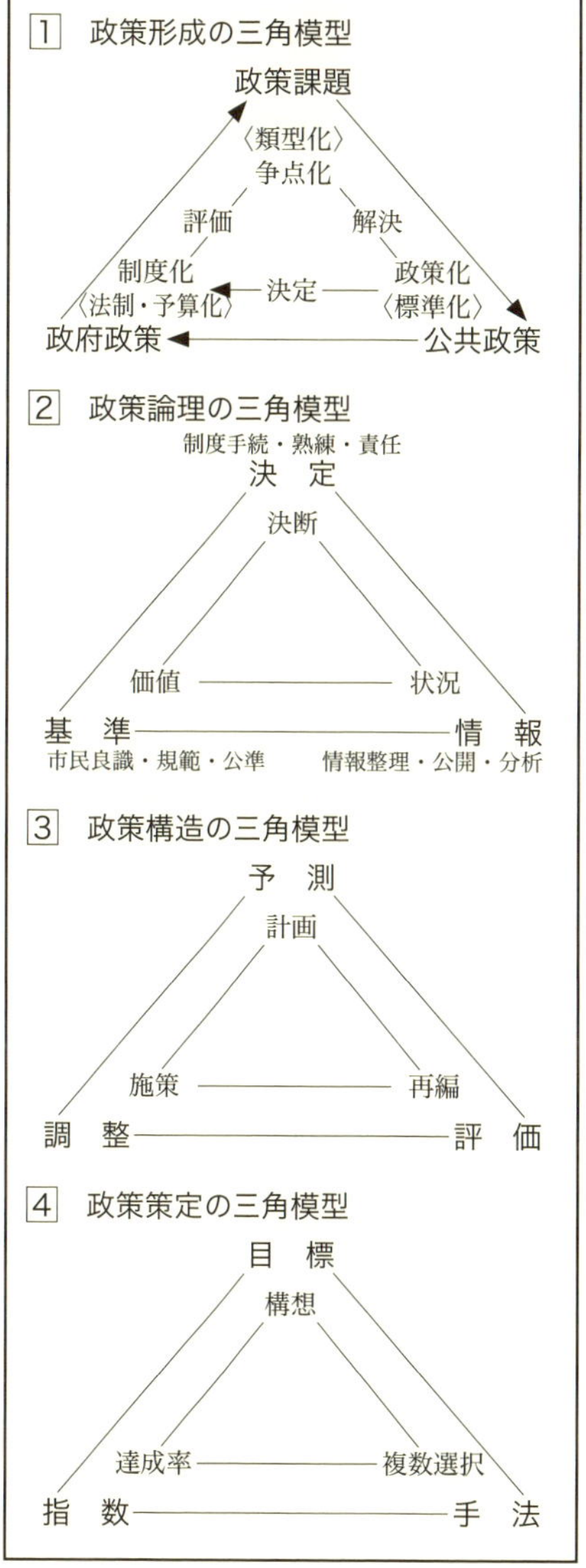

図6　政策過程模型

			情報公開・事前評価・政治調整		事後評価
[1] 始動 政治決定	政治全体（市民→長・議会）	1 争点選択	↑	政策争点の選択（issue）	←
		2 課題特定		政策課題の特定（agenda）	
		3 目的設定		考え方の検討（concept）	
[2] 立案 原案決定	長か議会（複数素案の検討）	4 選択肢の設計		政策資源・手法の整序	
		5 原案選択		提出権者による原案決定	
[3] 決定 制度決定	長・議会	6 合意手続		基本法手続による調整・修正	
		7 制度確認		法制・予算による権限・財源の確定	
[4] 執行 行政決定	長・行政機構	8 執行手法・準則		行政手法・準則の開発・決定	
		9 執行手続		行政手続の開発・決定	
		10 進行管理		進行にともなう手順のくみかえ	
[5] 評価 評価決定	政治全体（市民→長・議会）	11 評価・改定	↓	政策効果の制御による争点化	—

題〉として「選択」するという政治決定が、政策・制度開発のはじまりとなります。その策定過程ないし手続は、**図6**となります。

この政治課題をめぐる標準解決の手法模索が、「わが」自治体の政策・制度開発となります。そのとき、〈政策情報〉が整理・公開されていなくてはなりません。この政策情報としての争点情報、基礎情報、専門情報の三種類はすでにのべましたが（本書79頁）、いずれの情報も、最大努力で収集・整理、作成・公開されても、なお不完全情報だという自覚が不可欠でしょう。政治・行政には「完全情報」はありえません。できるだけ完全情報をめざすとしても、たえず状況が動いているため、特定時点では、不完全情報にもとづいた予測によって〈決定〉せざるをえないといえます。

ついで、この〈予測〉における原因→結果は、結果→原因に逆算されて、目的→手段の関係となります。さらに、予測も複数なりたつため、目的→手段の選択肢も複数となります。政治ないし政策・制度選択に「結果責任」

図7　市民規範（普遍市民政治原理）

Ⅰ	基本規範	市民自治・市民共和	（市民主権）
Ⅱ	価値規範	①市民自由＝人権・平和 ②市民福祉＝シビル・ミニマム	（自由権＝人格価値） （社会権＝生活価値）
Ⅲ	組織規範	政府の自立・安定・革新	（自治体 国　の政府責任） 国際機構

図8　政策公準

X	合意公準	①政策目的の普遍性 ②政策手段の妥当性 ③政策結果への責任性	（普遍目的による規制） （適性手段の選択） （責任手続のくみこみ）
Y	選択公準	①公平性（社会的） ②効率性（経済的） ③効果性（政治的）	（最大正義） （最少費用） （最適効果）
Z	策定公準	①最低保障の原則 ②政策革新の原則 ③簡明簡便の原則	（ミニマム政策の要請） （先駆型開発の要請） （わかりやすさの要請）

を問われるのは、複数の予測にともなう複数の選択肢のなかからの〈選択〉するという、この「選択責任」からきます。政策の立案・決定では、このようにみますと、〈科学〉的方法はありえません。政策におけるいわゆる科学の位置は、**図5**（本書93頁）[2]における「情報」の一局面にすぎません（『成熟と洗練』〔26・47〕）。

この政策選択・決定にあたっては、**図5**[2]の〈市民良識〉、ついで**図7**の〈市民規範〉、**図8**の〈政策公準〉が前提となります。公準では、XYZ、またそれぞれの①②③のいずれに力点をおくかは、課題の特性によっても異なり、また市民、長・議員、職員それぞれの価値意識によっても変わります。

このため、情報の不完全性とあいまって、市民、また長・議会、あるいは職員は、相互に対立・交錯し、考え方のズレが当然おこります。このズレから、かならず〈調整〉が必要となならざるをえません。いわば、たえざる党派の成立となり、とくに長・議会をめぐる「複数政党制」もここからきます。

とくに議会では、議会多数決を制度前提として、調整にもとづく妥協が、ガマンしうる受容・同調をふくむ「合意」として、その政策の「正統性」ないし「最適性」の保障となります。「完全合意」はありえません。

基本の市民の参加手続、またその代表機構としての長・議会による政治手続もふまえるこの合意によって、法務・財務による「法制・予算」というかたちで〈制度〉化されたのが、実際に実現する〈政策〉です。法制・予算という〈制度〉がなければ、政策は空文にすぎないわけです。

経済学や社会学でいう「最適政策」も、その最適性は模型図式としての理論幻想にとどまるため、実際にはありえません。現実には、情報公開という前提があり、そこに《政治》の内実としての〈予測と調整〉による妥協、つまり法制・予算をともなう多数決が問われるわけです。

これらの「制度決定」は、**図6**（本書94頁）のように、個々人の決断をもふくめた、市民間の対立・妥協、ついで職員参加もくわえた、長・議会をめぐる《政治過程》となります。

4　政策の見直し・政策評価

図6でみましたが、状況がたえず変化するかぎり、政策のたえざる見直しとしての、事前ま

た事後の「政策評価」も、たえず必要となります。

とくに、特定の政策・制度をめぐる予測・調整には、ミクロ・マクロ、あるいは短期・長期の視点からみるとき、さまざまな相矛盾する緊張をはらむため、事前・事後を問わず、「最悪事態」を想定しながら、**図9**のような構造をもつ政策評価に〈つねに〉とりくまざるをえません。この政策評価、これにともなう政策改革、つまり政策の創出・評価、改定・廃止の決定をめぐっては、かならず既得権・期待権とが交錯する政治対立つまり党派対立がおきるため、その調整手続が問われます。この党派対立が決定的となるとき、国、自治体の政府レベルをとわず、今日では基本法手続としての選挙による政権交代となります。

図9　政策評価の手続と主体

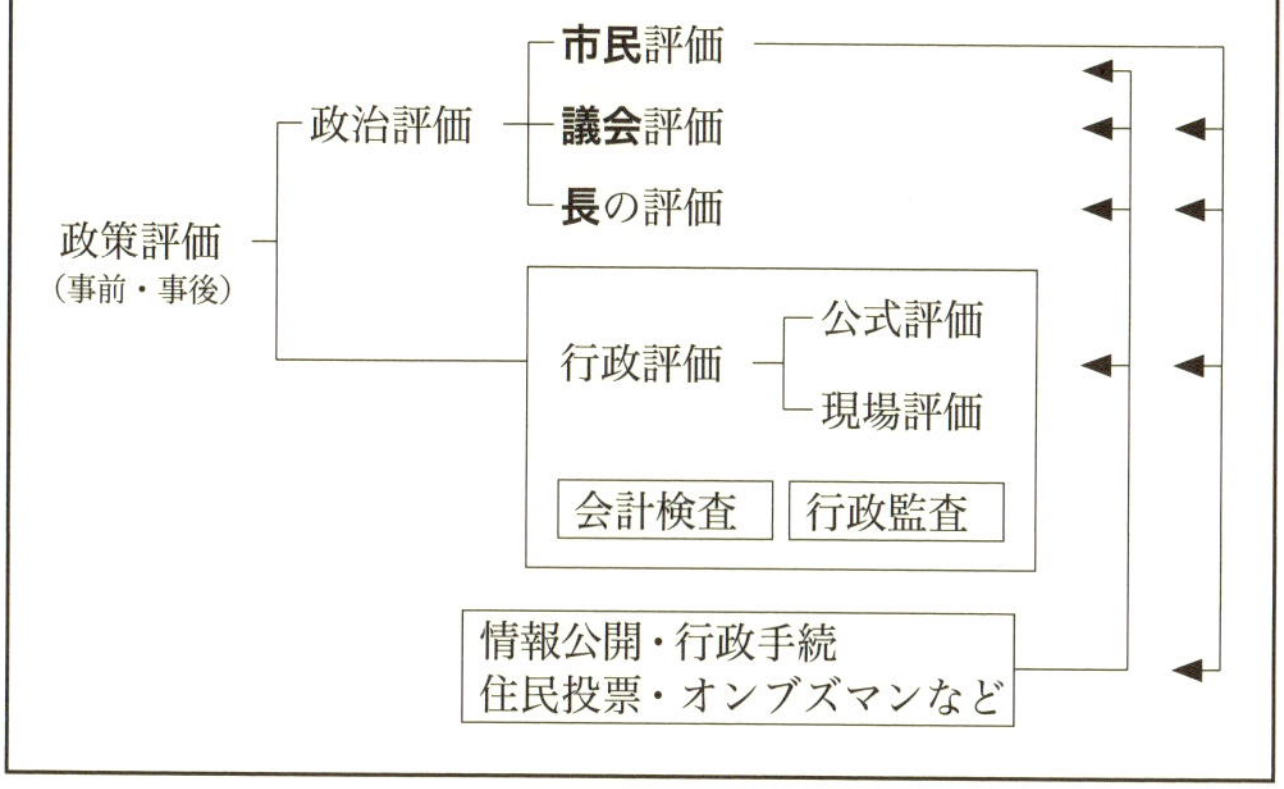

　ですから、「政策・制度型思考」は「科学型思考」とは構造が異っているわけです。私たちは政策・制度型思考を科学型思考と同型と考えがちですが、これは一九世紀型の〈科学信仰〉からくるマチガイです。自然科学モデルの「社会科学」という言葉も、二〇〇〇年代の日本ではすでに「廃語」で、今日では政策・制度型思考をふく

む《社会理論》となります。科学は、政策・制度型思考にとっては、くりかえしますが、**図5**[2]（本書93頁）の情報レベルにとどまります（拙著『政策型思考と政治』7章1節・政策の党派性と「科学」、一九九一年、東大出版会参照）。

政策評価については、これまでもプラン・ドゥ・シーのシーとして理論化されてきました。けれども、二〇〇〇年代の日本では、政策評価はすでに一般論・抽象論の時代ではありません。政治・行政の〈転型期〉の今日、とくに本書〔3〕章にみた巨大な政府借金の負担とあいまって、自治体、国の再構築、ついで本書〔4〕章でみた政策・制度のスクラップ・アンド・ビルドへの合意を準備する〈政策評価〉が、たえず、日々の実務として、緊急となっています。

とくに、今日の自治体での政策づくりないし政策評価には、（1）法務・財務をふくめた幅広い情報公開（2）市民、長・議員、ついで職員の合意による自治体戦略としての自治体長期・総合計画の策定が、その不可欠の座標軸となります。政策づくりないし政策評価は、この（1）（2）をはなれるとき、思いつき、あるいは独善となってしまいます。この（1）（2）をふまえてはじめて、国と異なって、自治体レベルでは、政治・行政の透明性、さらに政策の公平性・効率性・効果性を議論しうる前提条件がつくられることになります。

5 個別施策・中間計画・総合計画

ここで、政策は**図4**また**図5**[3]（本書92、93頁）にみたように、「計画」と「施策」とに分化することに、もう一度、留意しておく必要があります。自治体では、長期・総合計画は個別施策をワクづけますが、長期・総合計画はたんなる「作文」にとどまり、その実現は法務・財務をふまえた個別施策の開発なくしてはありえないという、その間のたえざる緊張の循環となります。

そのうえ、一九九〇年代以降となれば、**図4**（本書92頁）でみたように、自治体の長期・総合計画と個別施策の間に課題別・地域別の〈中間計画〉が必要となっていきます。この中間計画の策定には、個別施策をめぐる「政策情報・行政技術」さらに「法務・財務」にも習熟している必要がありますので、もはや従来型の企画課ではつくれず、専門性をもつ部課レベルにおける、前述91頁の（2）でのべたプロジェクト・チームによる策定となります。さらに〈長期・総合計画〉もこの〈中間計画〉をふまえるため、すでに92頁のべた「企画分権」が必要です。

［補記　自治体における一〇年前後の長期計画の内実は、財源の予測のできる前半四、五年、いわば中期の「実施計画」だが、後半の四、五年については、将来課題の素描・見通しとしての、しかも長期計画には不可欠の、「予測計画」となる。］

なお、国レベルでの、総合性のある長期計画としての「経済計画」「国土計画」は、本書〈4〉章（64頁）でみましたように、「夢」をみる中進国段階固有の計画にとどまり、先進国段階への移行によって、策定不能となるとともに、必要もなくなります。前述しましたが、政治課題が多元・重層の「微調整型」となるためです。

政策の構成は、一般に、「目的」実現のための「手段」、つまり資源の動員ないしクミタテといえます。だが、先進国で都市型社会が成熟するとき、政策づくりはナイナイづくしの中進国段階のような新開発型の「夢」を《目的》としてえがくユートピアニズムは終わっています。成熟した都市型社会の政策は、客観的にせまられている個別の〈問題〉にたいする具体の《解決》をめざし、長期には人口・経済縮小にともなう、政治・行政の改革計画をつくるという覚悟をもつ、「微調整型」のリアリズムこそが要請されます。

くわえて、「既成」の政策資源の再編、つまりスクラップ・アンド・ビルドによる政策資源の《再活性化》こそが、都市型社会の成熟している先進国における、政策・制度開発の基調となります。つまり、前述の本書〔3〕章でみた巨大借金による政府財源の枯渇とあいまって、スクラップこそがビルドであるという関係を、再確認することからの出発だからです。たえず、日常としての、いわば「創造的破壊」が不可欠となったのです。そこでは、①過剰な施策、②重複する施策、③老化した施策のスクラップこそが、はじめて既成の政策資源の再活性化となる、新しい施策のビルドをうみだしうるわけです。このスクラップ・アンド・ビルドをめぐる財源のヤリクリが《財務》です。

都市型社会における自治体としての市町村、県での、たえざる政治・行政改革ないし政策・制度再編、つまり〈永久革命〉としての《自治体再構築》は、さらに国の官治・集権型の政治・行政ついで経済・文化の、自治・分権型へのくみかえという〈構造改革〉と、直接、間接に連動しています。そこでは、各政府レベルそれぞれの独自課題をめぐって、市民の「政治見識」、長・議会の「政治熟度」、また職員の「行政熟達」が要請されます。最後には、当然ですが、マクロの政治・行政でも、結局、この政治・行政のなかにおけるミクロとしての、市民、長・議会、行政職員という〈当事者〉各個人の力量・品性が基本になることも確認したいと思います。

とくに、市町村、県、国の各政府レベルをとおして、行政職員はいわゆる官僚をふくめて、個人としても、組織としても、今日、次のような矛盾の集約点となっています。かつて国の官僚が省庁縦割に統轄した、官治・集権型の「機関委任事務」方式では、「決しておきない」と想定していた論点です。

（1）市民と長・議会との間での板バサミ
（2）幹部職員と一般職員、縦割組織と横割組織、公式組織と非公式組織の対立という三緊張
（3）職員人事・訓練でのゼネラリストかスペシャリストかの問直し、また資格職の見直し
（4）行政の一般準則と個別ケースとの間につねに残る「距離」をめぐる職員個人の判断責任
（5）社会変動の加速化からくる政策・制度のたえざる時代オクレ・老化とその改革・再編

この意味で、自治体レベルの職員各個人も、「全体の奉仕者」（『日本国憲法』15条）の活性化として、今日ではこの五点をめぐってのきびしい、かつたえざる、日々の〈覚悟〉という、国レベル、国際機構レベルと共有する緊張をもちます。

くわえて、国の内閣官房や省庁も、すでに市民型見識をもった専門家を必要とし、劣化したいわゆる身分型キャリア官僚のヨセアツメ（内閣官房）、あるいは年功序列の（省庁）では、国の官僚組織自体が「持続可能」ではなくなっています。この市民型と身分型の、組織緊張は、国、国際機構以上に自治体では、市民参加の手続によって、庁内についてたえず市民から見られているがゆえに、よりきびしくなっています。

かつて一九世紀ドイツの特権身分型旧官僚をウェーバーが問題としましたが、しかも日本の二一世紀の今日もいまだにみられる、この明治国家型権威をもつ特権身分型《旧官僚制》は、現代の〈都市型社会〉では終わりとなって、都市型社会固有の、新しい、以上の（1）〜（5）のような矛盾のなかでシゴトをする〈現場感覚〉と《市民性》が，官僚、職員には不可欠となります（『成熟と洗練』〔15〕）。いわば、市民型《新官僚制》の構築です。

ようやく、二〇〇〇年代、日本では都市型社会での市民の成熟のはじまりにみあって、《市民型》専門家のたえざる途中採用という、行政組織の市民型再構成、つまり市民型行政組織としての《新官僚制》へのキリカエが不可避となったことが、ひろく理解されてきました。日本で今日もつづく後・中進国型の身分閉鎖性をもつ終身雇用、年功賃金を想定した、これまでの「旧官僚制」としての行政組織ないし『公務員法』の、市民型「新官僚制」への抜本改革が、自治体、国ともに、せまられているとみなければなりません。

最後に、それぞれの自治体は地域特性をもちますが、都市型社会でひろく普遍性をもつ自治体の五課題を確認しておきます。

（1）市民の参加型自発性の結集
（2）シビル・ミニマム（生活権）の公共保障
（3）地域経済力をともなう都市・農村整備
（4）政治・行政、経済・文化の分権化・国際化
（5）自治体機構の透明化・効率化・効果化

私が一九七〇年代に定式化したこの自治体普遍五課題のたえざる再確認こそが、市民活動のたえざる出発、ついで自治体政府のたえざる再構築の活力源となっていきます。

【著者紹介】
松下　圭一（まつした・けいいち）
法政大学名誉教授
1929 年生まれ。元日本政治学会理事長、元日本公共政策学会会長
【主著】
「市民政治理論の形成」（岩波書店）、「現代政治の条件」（中央公論社）、「シビル・ミニマムの思想」（東大出版会）［毎日出版文化賞］、「市民参加」（編著）（東洋経済新報社）［吉野作造賞］、「政策型思考と政治」（東大出版会）［東畑精一賞］、また「都市政策を考える」、「市民自治の憲法理論」、「日本の自治・分権」、「政治・行政の考え方」、「自治体は変わるか」（いずれも岩波新書）、「社会教育の終焉［新版］、「自治体再構築」「成熟と洗練＊日本再構築ノート」（いずれも公人の友社）など多数
回想録に「現代政治＊発想と回想」2006 年、「自治体改革＊歴史と対話」2010 年（いずれも法政大学出版局）

自治体〈危機〉叢書
「2000 年分権改革」と自治体危機

2013 年 6 月 10 日　初版発行

著　者　　松下　圭一
発行人　　武内　英晴
発行所　　公人の友社
〒 112-0002　東京都文京区小石川 5-26-8
TEL 03-3811-5701
FAX 03-3811-5795
e-mail: info@koujinnotomo.com
http://koujinnotomo.com/
印刷所　　倉敷印刷株式会社
ISBN978-4-87555-625-1

「官治・集権」から
「自治・分権」へ

市民・自治体職員・研究者のための

自治・分権テキストシリーズ

《出版図書目録 2013.6》

〒120-0002　東京都文京区小石川 5-26-8
TEL　03-3811-5701
FAX　03-3811-5795
mail　info@koujinnotomo.com

公人の友社

●ご注文はお近くの書店へ
小社の本は、書店で取り寄せることができます。「公人の友社の『○○○○』を取り寄せてください」とお申し込みください。5日おそくとも10日以内にお手元に届きます。
●直接ご注文の場合は
電話・FAX・メールでお申し込み下さい。

TEL　03-3811-5701
FAX　03-3811-5795
mail　info@koujinnotomo.com

（送料は実費、価格は本体価格）

［自治体〈危機〉叢書］

自治体財政破綻の危機・管理
加藤良重　1,400円

政策転換への新シナリオ
小口進一　1,500円

自治体連携と受援力
もう国に依存できない
神谷秀之・桜井誠一　1,600円

2000年分権改革と自治体危機
松下圭一　1,500円

［地方自治ジャーナルブックレット］

No.1
水戸芸術館の実験
森啓　1,166円（品切れ）

No.2
政策課題研究研修マニュアル
首都圏政策研究・研修研究会
1,359円（品切れ）

No.3
使い捨ての熱帯雨林
熱帯雨林保護法律家リーグ
971円（品切れ）

No.4
自治体職員世直し志士論
童門冬二・村瀬誠　971円

No.5
行政と企業は文化支援で何ができるか
日本文化行政研究会　1,166円（品切れ）

No.6
まちづくりの主人公は誰だ
浦野秀一　1,165円（品切れ）

No.7
パブリックアート入門
竹田直樹　1,166円（品切れ）

No.8
市民的公共性と自治
今井照　1,166円（品切れ）

No.9
ボランティアを始める前に
佐野章二　777円

No.10
自治体職員の能力
自治体職員能力研究会　971円

No.11
パブリックアートは幸せか
山岡義典　1,166円（品切れ）

No.12
市民が担う自治体公務
パートタイム公務員論研究会
1,359円

No.13
行政改革を考える
山梨学院大学行政研究センター
1,166円（品切れ）

No.14
上流文化圏からの挑戦
山梨学院大学行政研究センター
1,166円

No.15
市民自治と直接民主制
高寄昇三　951円

No.16
議会と議員立法
上田章・五十嵐敬喜　1,600円

No.17
分権段階の自治体と政策法務
山梨学院大学行政研究センター
1,456円

No.18
地方分権と補助金改革
高寄昇三　1,200円

No.19
分権化時代の広域行政
山梨学院大学行政研究センター
1,200円

No.20
あなたの町の学級編成と地方分権
田嶋義介　1,200円

No.21
自治体も倒産する
加藤良重　1,000円（品切れ）

No.22
ボランティア活動の進展と自治体の役割
山梨学院大学行政研究センター
1,200円

No.23
新版2時間で学べる「介護保険」
加藤良重　800円

No.24
男女平等社会の実現と自治体の役割
山梨学院大学行政研究センター
1,200円

No.25
市民がつくる東京の環境・公害条例
市民案をつくる会　1,000円

No.26
東京都の「外形標準課税」はなぜ正当なのか
青木宗明・神田誠司　1,000円

No.27
少子高齢化社会における福祉のあり方
山梨学院大学行政研究センター
1,200円

No.28
財政再建団体
橋本行史　1,000円

No.29
交付税の解体と再編成
高寄昇三　1,000円

No.30
町村議会の活性化
山梨学院大学行政研究センター
1,200円

No.31
地方分権と法定外税
外川伸一　800円

No.32
東京都銀行税判決と課税自主権
高寄昇三　1,200円

No.33
都市型社会と防衛論争
松下圭一　900 円
No.34
中心市街地の活性化に向けて
山梨学院大学行政研究センター
1,200 円
No.35
自治体企業会計導入の戦略
高寄昇三　1,100 円
No.36
行政基本条例の理論と実際
神原勝・佐藤克廣・辻道雅宣
1,100 円
No.37
市民文化と自治体文化戦略
松下圭一　800 円
No.38
まちづくりの新たな潮流
山梨学院大学行政研究センター
1,200 円
No.39
ディスカッション三重の改革
中村征之・大森弥　1,200 円
No.40
政務調査費
宮沢昭夫　1,200 円
No.41
市民自治の制度開発の課題
山梨学院大学行政研究センター
1,200 円
No.42
《改訂版》自治体破たん・「夕張ショック」の本質
橋本行史　1,200 円

No.43
分権改革と政治改革
西尾勝　1,200 円
No.44
自治体人材育成の着眼点
浦野秀一・井澤壽美子・野田邦弘・西村浩・三関浩司・杉谷戸知也・坂口正治・田中富雄　1,200 円
No.45
シンポジウム障害と人権
橋本宏子・森田明・湯浅和恵・池原毅和・青木九馬・澤静子・佐々木久美子　1,400 円
No.46
地方財政健全化法で財政破綻は阻止できるか
高寄昇三　1,200 円
No.47
地方政府と政策法務
加藤良重　1,200 円
No.48
政策財務と地方政府
加藤良重　1,400 円
No.49
政令指定都市がめざすもの
高寄昇三　1,400 円
No.50
良心的裁判員拒否と責任ある参加
市民社会の中の裁判員制度
大城　聡　1,000 円
No.51
討議する議会
自治体議会学の構築をめざして
江藤俊昭　1,200 円

No.52
【増補版】大阪都構想と橋下政治の検証
府県集権主義への批判
高寄昇三　1,200 円
No.53
虚構・大阪都構想への反論
橋下ポピュリズムと都市主権の対決
高寄昇三　1,200 円
No.54
大阪市存続・大阪都粉砕の戦略
地方政治とポピュリズム
高寄昇三　1,200 円
No.55
「大阪都構想」を越えて
問われる日本の民主主義と地方自治
（社）大阪自治体問題研究所
1,200 円
No.56
翼賛議会型政治・地方民主主義への脅威
地域政党と地方マニフェスト
高寄昇三　1,200 円
No.57
なぜ自治体職員にきびしい法遵守が求められるのか
加藤良重　1,200 円
No.58
東京都区制度の歴史と課題
都区制度問題の考え方
著：栗原利美、編：米倉克良
1,400 円

No.59
七ヶ浜町（宮城県）で考える
「震災復興計画」と住民自治
編著：自治体学会東北ＹＰ
1,400 円
No.60
市民が取り組んだ条例づくり
市民が市長・職員・市議会とともにつくった所沢市自治基本条例
編著：所沢市自治基本条例を育てる会
1,400 円
No.61
いま、なぜ大阪市の消滅なのか
大都市地域特別区法の成立と今後の課題
編著：大阪の自治を考える研究会
800 円
No.62
地方公務員給与は高いか
非正規職員の正規化をめざして
高寄昇三・山本正憲
1,200 円

［福島大学ブックレット「21世紀の市民講座」］

No.1
外国人労働者と地域社会の未来
著：桑原靖夫・香川孝三、編：坂本惠　900 円
No.2
自治体政策研究ノート
今井照　900 円

No.3
住民による「まちづくり」の作法
今西一男　1,000円

No.4
格差・貧困社会における市民の権利擁護
金子勝　900円

No.5
法学の考え方・学び方
イェーリングにおける「秤」と「剣」
富田哲　900円

No.6
今なぜ権利擁護か
ネットワークの重要性
高野範城・新村繁文　1,000円

No.7
小規模自治体の可能性を探る
保母武彦・菅野典雄・佐藤力・竹内是俊・松野光伸　1,000円

No.8
小規模自治体の生きる道
連合自治の構築をめざして
神原勝　900円

No.9
文化資産としての美術館利用
地域の教育・文化的生活に資する方法研究と実践
辻みどり・田村奈保子・真歩仁しょうにん　900円

［地方自治土曜講座ブックレット］

No.1
現代自治の条件と課題
神原勝　900円　（品切れ）

No.2
自治体の政策研究
森啓　600円

No.10
自治体デモクラシーと政策形成
山口二郎　500円　（品切れ）

No.22
地方分権推進委員会勧告とこれからの地方自治
西尾勝　500円　（品切れ）

No.26
地方分権と地方財政
横山純一　600円　（品切れ）

No.27
比較してみる地方自治
田口晃・山口二郎　600円　（品切れ）

No.28
議会改革とまちづくり
森啓　400円　（品切れ）

No.33
ローカルデモクラシーの統治能力
山口二郎　400円　（品切れ）

No.34
政策立案過程への戦略計画手法の導入
佐藤克廣　500円　（品切れ）

No.39
「近代」の構造転換と新しい「市民社会」への展望
今井弘道　500円

No.41
少子高齢社会の自治体の福祉法務
加藤良重　400円

No.42
改革の主体は現場にあり
山田孝夫　900円

No.43
自治と分権の政治学
鳴海正泰　1,100円

No.44
公共政策と住民参加
宮本憲一　1,100円

No.45
農業を基軸としたまちづくり
小林康雄　800円

No.46
これからの北海道農業とまちづくり
篠田久雄　800円

No.47
自治の中に自治を求めて
佐藤守　1,000円

No.48
介護保険は何をかえるのか
池田省三　1,100円

No.49
介護保険と広域連合
大西幸雄　1,000円

No.50
自治体職員の政策水準
森啓　1,100円

No.51
分権型社会と条例づくり
篠原一　1,000円

No.52
自治体における政策評価の課題
佐藤克廣　1,000円

No.53
小さな町の議員と自治体
室埼正之　900円

No.55
改正地方自治法とアカウンタビリティ
鈴木庸夫　1,200円

No.56
財政運営と公会計制度
宮脇淳　1,100円

No.57
自治体職員の意識改革を如何にして進めるか
林嘉男　1,000円　（品切れ）

No.59
環境自治体とISO
畠山武道　700円

No.60
転型期自治体の発想と手法
松下圭一　900円

No.61
分権の可能性
スコットランドと北海道
山口二郎　600円

No.62
機能重視型政策の分析過程と財務情報
宮脇淳　800円

No.63
自治体の広域連携
佐藤克廣　900円

No.64
分権時代における地域経営
見野全　700円

No.65
町村合併は住民自治の区域の変更である
森啓　800円

No.66
自治体学のすすめ
田村明　900円

No.67
市民・行政・議会のパートナシップを目指して
松山哲男　700円

No.69
新地方自治法と自治体の自立
井川博　900円

No.70
分権型社会の地方財政
神野直彦　1,000円

No.71
自然と共生した町づくり
宮崎県・綾町
森山喜代香　700円

No.72
情報共有と自治体改革
片山健也　1,000円

No.73
地域民主主義の活性化と自治体改革
山口二郎　900円

No.74
分権は市民への権限委譲
上原公子　1,000円

No.75
今、なぜ合併か
瀬戸亀男　800円

No.76
市町村合併をめぐる状況分析
小西砂千夫　800円

No.78
ポスト公共事業社会と自治体政策
五十嵐敬喜　800円

No.80
自治体人事政策の改革
森啓　800円

No.82
地域通貨と地域自治
西部忠　900円　（品切れ）

No.83
北海道経済の戦略と戦術
宮脇淳　800円

No.84
地域おこしを考える視点
矢作弘　700円

No.87
北海道行政基本条例論
神原勝　1,100円

No.90
「協働」の思想と体制
森啓　800円

No.91
協働のまちづくり
三鷹市の様々な取組みから
秋元政三　700円

No.92
シビル・ミニマム再考
松下圭一　900円

No.93
市町村合併の財政論
高木健二　800円

No.95
市町村行政改革の方向性
佐藤克廣　800円

No.96
創造都市と日本社会の再生
佐々木雅幸　900円

No.97
地方政治の活性化と地域政策
山口二郎　800円

No.98
多治見市の総合計画に基づく政策実行
西寺雅也　800円

No.99
自治体の政策形成力
森啓　700円

No.100
自治体再構築の市民戦略
松下圭一　900円

No.101
維持可能な社会と自治体
宮本憲一　900円

No.102
道州制の論点と北海道
佐藤克廣　1,000円

No.103
自治基本条例の理論と方法
神原勝　1,100円

No.104
働き方で地域を変える
山田眞知子　800円　（品切れ）

No.107
公共をめぐる攻防
樽見弘紀　600円

No.108
三位一体改革と自治体財政
岡本全勝・山本邦彦・北良治・逢坂誠二・川村喜芳　1,000円

No.109
連合自治の可能性を求めて
松岡市郎・堀則文・三本英司・佐藤克廣・砂川敏文・北良治他
1,000円

No.110
「市町村合併」の次は「道州制」か
森啓　900円

No.111
コミュニティビジネスと建設帰農
松本懿・佐藤吉彦・橋場利夫・山北博明・飯野政一・神原勝
1,000円

No.112
「小さな政府」論とはなにか
牧野富夫　700円

No.113
栗山町発・議会基本条例
橋場利勝・神原勝　1,200円

No.114
北海道の先進事例に学ぶ
宮谷内留雄・安斎保・見野全・佐藤克廣・神原勝　1,000円

No.115
地方分権改革の道筋
西尾勝　1,200円

No.116
転換期における日本社会の可能性
維持可能な内発的発展
宮本憲一　1,100 円

［TAJIMI CITY ブックレット］

No.2
転型期の自治体計画づくり
松下圭一　1,000 円
No.3
これからの行政活動と財政
西尾勝　1,000 円
No.4
構造改革時代の手続的公正と第二次分権改革
鈴木庸夫　1,000 円
No.5
自治基本条例はなぜ必要か
辻山幸宣　1,000 円
No.6
自治のかたち、法務のすがた
天野巡一　1,100 円
No.7
自治体再構築における行政組織と職員の将来像
今井照　1,100 円
No.8
持続可能な地域社会のデザイン
植田和弘　1,000 円
No.9
「政策財務」の考え方
加藤良重　1,000 円

No.10
市場化テストをいかに導入するべきか
竹下譲　1,000 円
No.11
市場と向き合う自治体
小西砂千夫・稲澤克祐 1,000 円

［地域ガバナンスシステム・シリーズ］
（龍谷大学地域人材・公共政策開発ｼｽﾃﾑ・ｵｰﾌﾟﾝ・ﾘｻｰﾁ・ｾﾝﾀｰ (LORC)…企画・編集）

No.1
地域人材を育てる自治体研修改革
土山希美枝　900 円
No.2
公共政策教育と認証評価システム
坂本勝　1,100 円
No.3
暮らしに根ざした心地よいまち
編：龍谷大学地域人材・公共政策開発ｼｽﾃﾑ・ｵｰﾌﾟﾝ・ﾘｻｰﾁ・ｾﾝﾀｰ (LORC)　1,100 円
No.4
持続可能な都市自治体づくりのためのガイドブック
編：龍谷大学地域人材・公共政策開発ｼｽﾃﾑ・ｵｰﾌﾟﾝ・ﾘｻｰﾁ・ｾﾝﾀｰ (LORC)　1,100 円

No.5
英国における地域戦略パートナーシップ
編：白石克孝、監訳：的場信敬
900 円
No.6
マーケットと地域をつなぐパートナーシップ
編：白石克孝、著：園田正彦
1,000 円
No.7
政府・地方自治体と市民社会の戦略的連携
的場信敬　1,000 円
No.8
多治見モデル
大矢野修　1,400 円
No.9
市民と自治体の協働研修ハンドブック
土山希美枝　1,600 円
No.10
行政学修士教育と人材育成
坂本勝　1,100 円
No.11
アメリカ公共政策大学院の認証評価システムと評価基準
早田幸政　1,200 円
No.12
イギリスの資格履修制度
資格を通しての公共人材育成
小山善彦　1,000 円
No.14
炭を使った農業と地域社会の再生
市民が参加する地球温暖化対策
井上芳恵　1,400 円

No.15
対話と議論で〈つなぎ・ひきだす〉ファシリテート能力育成ハンドブック
土山希美枝・村田和代・深尾昌峰　1,200 円
No.16
「質問力」からはじめる自治体議会改革
土山希美枝　1,100 円

［生存科学シリーズ］

No.2
再生可能エネルギーで地域がかがやく
秋澤淳・長坂研・小林久
1,100 円
No.3
小水力発電を地域の力で
小林久・戸川裕昭・堀尾正靭
1,200 円
No.4
地域の生存と社会的企業
柏雅之・白石克孝・重藤さわ子
1,200 円
No.5
地域の生存と農業知財
澁澤栄・福井隆・正林真之
1,000 円
No.6
風の人・土の人
千賀裕太郎・白石克孝・柏雅之・福井隆・飯島博・曽根原久司・関原剛　1,400 円

No.7
地域からエネルギーを引き出せ！
PEGASUS ハンドブック（環境エネルギー設計ツール）
監修：堀尾正靱・白石克孝、著：重藤さわ子・定松功・土山希美枝　1,400円

No.8
地域分散エネルギーと「地域主体」の形成
風・水・光エネルギー時代の主役を作る－
編：小林久・堀尾正靱、著：独立行政法人科学技術振興機構 社会技術研究開発センター「地域に根ざした脱温暖化・環境共生社会」研究開発領域 地域分散電源等導入タスクフォース
1,400円

［都市政策フォーラムブックレット］

No.1
「新しい公共」と新たな支え合いの創造へ
渡辺幸子・首都大学東京　都市教養学部都市政策コース
900円（品切れ）

No.2
景観形成とまちづくり
首都大学東京　都市教養学部都市政策コース　1,000円

No.3
都市の活性化とまちづくり
首都大学東京　都市教養学部都市政策コース　1,100円

［朝日カルチャーセンター地方自治講座ブックレット］

No.1
自治体経営と政策評価
山本清　1,000円

No.2
ガバメント・ガバナンスと行政評価
星野芳昭　1,000円（品切れ）

No.4
「政策法務」は地方自治の柱づくり
辻山幸宣　1,000円

No.5
政策法務がゆく
北村善宣　1,000円

［政策・法務基礎シリーズ］

No.1
自治立法の基礎
東京都市町村職員研修所
600円（品切れ）

No.2
政策法務の基礎
東京都市町村職員研修所
952円

［北海道自治研ブックレット］

No.1
市民・自治体・政治
再論・人間型としての市民
松下圭一　1,200円

No.2
議会基本条例の展開
その後の栗山町議会を検証する
橋場利勝・中尾修・神原勝
1,200円

No.3
福島町の議会改革
議会基本条例＝開かれた議会づくりの集大成
溝部幸基・石堂一志・中尾修・神原勝　1,200円

［京都政策研究センターブックレット］

No.1
地域貢献としての「大学発シンクタンク」
編著：青山公三・小沢修司・杉岡秀紀・藤沢実
1,000円

【単行本】

［地方財政史］
高寄昇三著　各5,000円

大正地方財政史・上巻
大正デモクラシーと地方財政

大正地方財政史・下巻
政党化と地域経営
都市計画と震災復興

昭和地方財政史・第一巻
地域格差と両税委譲
分与税と財政調整

昭和地方財政史・第二巻
補助金の成熟と変貌
匡救事業と戦時財政

［私たちの世界遺産］

No.1
持続可能な美しい地域づくり
五十嵐敬喜他　1,905円

No.2
地域価値の普遍性とは
五十嵐敬喜・西村幸夫
1,800円

No.3
世界遺産登録・最新事情
長崎・南アルプス
五十嵐敬喜・西村幸夫
1,800円

No.4
新しい世界遺産の登場
南アルプス［自然遺産］九州・山口［近代化遺産］
五十嵐敬喜・西村幸夫・岩槻邦男・松浦晃一郎　2,000円

〔別冊〕No.1
ユネスコ憲章と平泉・中尊寺供養願文
五十嵐敬喜・佐藤弘弥
1,200円

〔別冊〕No.2
平泉から鎌倉へ
鎌倉は世界遺産になれるか?!
五十嵐敬喜・佐藤弘弥
1,800円

［自治基本条例］

増補　自治・議会基本条例論
神原　勝　2,500円

自治基本条例は活きているか
〜ニセコ町まちづくり基本条例の10年
木佐茂男・片山健也・名塚昭
2,600円

［その他］

自律自治体の形成
西寺雅也　2,600円

フィンランドを世界一に導いた100の社会改革
イルッカ・タイパレ著
山田眞知子訳　2,800円

公共経営入門
〜公共領域のマネジメントとガバナンス
トニー・ボーベル・エルク・ラフラー編著、みえガバナンス研究会翻訳、稲澤克祐・紀平美智子監修　2,500円

自治体政府の福祉政策
加藤良重　2,500円

文化の見えるまち
〜自治体の文化戦略
森啓　2,400円

総括・介護保険の10年
〜2012年改正の論点
編著：鏡諭　著：介護保険原点の会　2,200円

自治体理論の実践
〜北海道土曜講座の十六年
編著：森啓　川村喜芳　1,600円

変えよう地方議会
〜3・11後の自治に向けて
河北新報社編集局　2,000円

自治体職員研修の法構造
田中孝男　3,200円

国立景観訴訟
〜自治が裁かれる
五十嵐敬喜・上原公子　2,800円

地方自治制度「再編論議」の深層
〜ジャーナリストが分析する
監修：木佐茂男、著：青山彰久・国分貴史著　1,500円

韓国における地方分権改革の分析
〜弱い大統領と地域主義の政治経済学
尹誠國　2,400円

自治体国際政策論
〜自治体国際事務の理論と実践
楠本利夫　1,400円

成熟と洗練
日本再構築ノート

松下圭一（法政大学名誉教授）
四六判・上製・2,500円

巨大借金、人口高齢化で「沈没」しつつある日本の政治・行政、経済・文化の構造再編をめざす〈市民政治〉、〈自治体改革〉、〈国会内閣制〉への展望をやさしく語る。

あわせて半世紀以上つづいた自民党政治に同化したマスコミの《自民党史観》体質を鋭く批判。


この本は、2006年からポツポツ、若い友人たちとの議論に触発されながら、対話をまじえて、私自身の考え方をつづったものである。日本の「戦後」全体に話がおよんでいるので、若い世代の方々に、ぜひ目を通していただきたいと考えている。

（「まえがき」より）